KB117673

누구에게나
공부하고 싶은
순간은 온다

누구에게나
공부하고 싶은
순간은 온다

김규민 지음

공부가
막막한 너에게 전하는
네 단계 공부법

콘택트

차례

Chapter 1

첫 번째 단계 : 꿈 ── 꼭 꿈이 있어야 하나요?

Chapter 6

합격 그 후의 이야기

공부라…… 요놈, 참 어려운 녀석이다. 인터넷에 '공부법' 세 글자만 쳐도 나오는 영상이 수백, 수천 개나 있는데도 늘 어렵고 막막하게만 느껴진다. 공부를 못하면 노력한 만큼 성과가 잘 나오지 않아서 답답하고, 공부를 잘하면 주변 시선으로 인한 압박감에 시달려 스트레스를 받기 마련이다.

우리는 어릴 적부터 거의 '강제로' 공부를 해왔다. 뭐, 반쯤은 '자유'라는 가면을 쓰고 있으니 '강제'보다는 '반半-강제'가 더 적절할까. 엄마가 시켜서, 성적 잘 받으려고, 선생님이 혼내서, 사회적 통념이 강요해서, 좋은 학벌 얻으려고, 돈 많이 벌려고, 주변의 선망 때문에……. 학생들에게 지금 공부하고 있는 이유가 무엇이냐고 물으면 답은 다양하다. 그렇지만 그 누구도 '즐거워서' 공부한다고 말하지는 않는다.

＊ ＊ ＊

　나도 마찬가지였다. 서울대학교 의과대학에 입학했다고 해서 어릴 적부터 공부가 '술술' 풀렸다는 걸 의미하지는 않는다. 나에게도 공부는 참 어렵고 막막한 존재였다. 너무 답답한 나머지 '그냥 밀어붙여보자!'라는 생각으로 육체에 한계가 올 때까지 무식하게 스스로를 몰아붙였던 때도 있었고, 무엇이 옳은지 알지 못해 잘못된 길로 들어선 적도 많았다. 주변 이야기에 휘청거리며 흔들렸던 때도, 하고 싶은 게 없다는 이유로 공부를 놨던 때도 있었다. 중학생 때는 2년이 넘는 시간 동안 공부를 멀리 했던 적도 있었으니, 김규민의 공부 인생이 얼마나 순탄치 않았는지는 더 말하지 않아도 알 것이다.

　아무도 공부란 무엇인지, 도대체 공부는 왜 하는 건지, 어떻게 하는 것이 옳은 것인지 알려주지 않으니 혼자 어떻게든 깨우치느라 숱한 방황을 거쳤다. 그렇지만 시련이란 진리로 향하는 으뜸가는 길이라는 말처럼 조금씩 조금씩 나아졌다. 끝없이 이어질 것만 같던 방황의 발걸음은 어느새 잦아들었고 그 여정을 통해 공부에 눈이 뜨여갔다. 서서히 공부란 무엇인지 그 본질이 보이기 시작했던 것이다. 스물셋은 아직 연륜이 있는 나이는 아니지만 인생을 걸고 공부와 승부를 봤던 사람으로서, 이제는 감히 여러분에게 이런 얘기를 나눌 수 있게 되어 뿌듯하기도 하다.

* * *

이 책을 써 내려갈 때 내 마음은 딱 이거 하나였다. '공부라는 한 치 앞도 보이지 않는 캄캄한 바닷속에서 길을 잃은 학생들에게 공부란 무엇인지, 도대체 공부를 왜 하는 건지, 그래서 공부는 어떻게 하는 건지 알려주자.' 그 실체를 알고, 하는 이유를 명확히 깨닫고 나면 공부가 꽤나 만만해질 수 있기 때문이다.

그래서 공부의 단계별로 이 책을 구성했다. 첫 번째 단계는 '꿈'이다. 내 경험상 꿈은 가장 강력한 공부의 이유다. 여러분이 공부에 온 마음으로 뛰어들 수 있게 해주는 놈이다. 꿈을 찾아 달려왔던, 짧다면 짧고 길다면 긴 여정을 진솔히 적어놓았다.

두 번째 단계는 '주체성'이다. 스스로 결정하고 성큼성큼 앞으로 나아갈 수 있어야 한다. 내 삶의 주인은 '나'다. 운전대를 바짝 챙기고 앉아 지도를 보고 스스로 선택해서 길을 찾아 나서야 한다.

세 번째 단계는 '간절함'이다. 언젠가 삶은 끝난다. 삶이 소중한 이유는 이 때문이다. 그렇기에 우리는 그 시간 동안 간절해야 한다. 간절함 없는 주체성은 '변명으로 물든 나태함'에 지나지 않는다.

마지막 단계는 '공부의 정도'이다. 공부를 왜 하는 것인지 알았다면, 이제는 '어떻게' 공부하는 것이 옳은지, 즉 '공부를 대하는 올바른 마음가짐'을 바로잡을 차례다. 공부는 '간절하게 노력하는 것'만으로는 부족하기에 올바른 방향으로 노력해야 한다. '정도正

道', 즉 '바른길'을 걸어야 바른 곳에 도착하기 마련이다.

이렇게 1장부터 4장을 구성했지만, 이것으로도 아직 의문이 풀리지 않은 학생들도 있을 것이기에 5장에서 추가적인 질문들에 대한 나름의 답을 담았고 6장에서는 '공부'에서 한 걸음 더 나아가 '삶'을 대하는 자세에 관해 이야기해보았다. 내 고민의 흔적들이 고스란히 담긴 페이지다.

이 책의 제목은 『누구나 공부하고 싶은 순간은 온다』이다. 여러분 중에는 아직 이런 순간을 만나지 못한 이도 있을 것이다. 주위를 둘러보면 중장년이 되어 혹은 노년기에 접어들어 다시 공부에 도전하는 경우를 볼 수 있다. 우리 아버지만 봐도 이순이 가까워지는 나이에 바리스타 공부를 하고 계시니 말이다. 공부란 그런 것인지도 모르겠다. 언젠가 여러분에게도 이 반짝이는 순간이 찾아온다면 반드시 두 손으로 꼭 잡기를 바란다. 그리고 그것을 자신의 것으로 만들면 좋겠다.

이 책이 그런 순간에 여러분의 앞을 밝혀줄 등대이자, 잠시 쉬었다 갈 수 있는 안식처, 공부하는 외로움을 함께할 든든한 친구가 되었으면 한다. 나아가 이 책을 덮으면서 "공부, 생각보다 별거 아니네!", "공부, 너 좀 재밌다?"라는 말을 할 수 있기를 간절히 응원한다.

2022년 7월

김규민

Chapter 1

첫 번째 단계 :
꿈✦

꼭 꿈이
있어야 하나요?

✦ 꿈은 사람을 살짝 미치게 한다.
꿈이 없다면 한없이 자유하지만
꿈이 있다면 어떤 힘든 공부도 여겨낼 수 있다.

대체 공부는
왜 하나요?

가슴에 품은 첫 번째 질문

초등학교 3학년 초가을 즈음, 학교 수업을 마치고 육교를 건너 집으로 돌아가던 중이었다. 하늘은 구름 한 점 없이 높았고 선선한 바람이 두 볼을 스치며 지나갔다. 기분이 참 좋아야 했던 그날, 이상하게도 나는 언짢은 기분을 느꼈다. 갑자기 떠오른 한 가지 질문 때문이었다.

'나는 지금 무엇을, 왜 하고 있는 거지?'

학교에서는 매일 아침 EBS 〈지식채널 e〉라는 영상을 보여줬는데, 그날은 '메타인지'라는 개념에 관한 영상이 나왔다. 그 영상이 내 마음의 한 부분을 건드렸다.

메타인지라니, 당시 초등학교 3학년이었던 나로서는 난생 처음 들어보는 단어였다. 단지 낯선 것을 넘어 몹시 어려워 보이기까지 했다. 당시의 나에게는 '인지'라는 단어조차도 낯설었는데, 그 앞에 무시무시한 '메타'라는 단어까지 붙었으니, 지레 겁을 먹었다. 그런데 걱정과는 달리 내용은 간단했다. '나'를 '나의 시선'이 아니라 '제3자의 시선'으로 바라보는 것을 메타인지라 한다. 이를테면 이런 거다.

지금 나는 카페에 앉아 글을 쓰고 있는데, 나의 시선에는 열심히 키보드 위를 활보하는 손가락과 반쯤 마신 커피 한 잔, 앞 테이블에서 신나게 이야기하고 있는 젊은 부부가 보인다. 이걸 메타인지로 바라본다는 것은, 앞에서 세 번째 테이블에 앉아 하얀 노트북을 펼쳐놓고 글을 쓰고 있는, 검은 반팔 티를 입은 나를 제3자의 눈으로 바라본다는 것이다. 이때 구체적인 시점을 설정하면 더 효과적인데, 카페의 오른쪽 위 구석에 제3자의 눈을 가져다 놓는다거나, 앞 테이블에서 수다를 떠는 젊은 부부의 눈으로 나를 바라보는 식이다.

나는 EBS 영상을 본 후로 호기심에 빠져 하루 종일 메타인지를 시도해보았다. 그러나 '나의 눈'에 보이는 세상과 '제3자의 눈'으로 보는 세상을 동시에 인지한다는 것은 만만치 않았다. 하루 온종일 시도해본 끝에, 학교 수업을 마치고 하교할 즈음에는 차츰 '제3자의 시선에 보이는 나'가 이해되기 시작했고, 동시에 한 가지 질문이 떠올랐다.

그때는 몰랐다. 그 질문이 몇 년 동안이나 나를 괴롭힐 줄은. 그리고 지금 당신을 괴롭히고 있을지도 모르는 바로 그 질문.

'나는 지금 무엇을, 왜 공부하고 있는 것인가?'

꼬챙이에 꿰인 북어 같은 나

초등학교 3학년 때 나는 아침 6시면 눈을 떴다. 뭐, 정확히 말하자면 내가 눈을 떴다기보다는 어머니께서 열심히 소리를 질러가며 깨우셨다. 일어나자마자 간단한 스트레칭 후 자리에 앉아 아침 공부를 시작했고, 학교에서도 마찬가지로 늘 공부만 했다. 학교가 끝나면 당연히 바로 집으로 돌아와 다시 책을 펼쳤고, 저녁을 먹은 후에도 마찬가지였다.

부모님께서는 아들의 공부에 관심이 많으셨다. 가정 형편이 넉넉하지는 않았지만 다른 건 몰라도 공부만큼은 하고 싶은 대로 하라며 늘 든든하게 받쳐주셨다. 감사한 일이지만 그만큼 버겁기도 했다. 관심의 크기가 곧 공부의 양으로 이어졌기 때문이다.

그러나 메타인지에 대한 영상을 본 그날 이후는 달랐다. 며칠을 고민해봤지만 '나는 지금 무엇을, 왜 하고 있는가?'는 질문에 답하지 못하고 있었다. 왜 하는지 모르는 채 공부를 하고 있다는 사실조차 인지하지 못했던 나 자신이 너무나 한심했다. 그리고 이런 '나'를 한 발짝 떨어져 바라보자니, 예전에 서점에서 우연히 읽었던 시 한 편이 생각났다 돌이켜보면 나는 꽤나 조숙했던 듯하다.

밤의 식료품 가게
케케묵은 먼지 속에
죽어서 하루 더 손때 묻고
터무니없이 하루 더 기다리는
북어들,
…
빛나지 않는 막대기같은 사람들이
가슴에 싱싱한 지느러미 달고
헤엄쳐 갈 데 없는 사람들이

불쌍하다고 생각하는 순간,

…

느닷없이

북어들이 커다랗게 입을 벌리고

거봐, 너도 북어지 너도 북어지 너도 북어지

귀가 먹먹하도록 부르짖고 있었다.

– 최승호, < 북어 >

북어가 된 듯한 기분이었다. 여기저기서 먹먹하도록 '거봐, 너도 북어지'라며 부르짖는 듯한 소리가 들렸다. 미처 깨닫지 못한 사이에 어느새 북어가 되어버렸나 싶었다.

그날부터 단 하루도 빠짐없이 계속 고민하기 시작했다. 대체 나는 왜 공부하는가? 왜 대한민국의 거의 모든 학생들은 초등학교 1학년부터 고등학교 3학년까지, 장장 12년 동안 공부에 매진하는 것인가? 대체 왜?

나는 원래 이유를 찾지 못하면 신이 나지 않았다. 공부를 해야 할 이유를 찾지 못했으니 당연히 열정이 생기지 않았다. 부모님과 선생님이 시키시는 대로 꾸역꾸역 학교생활을 해나가긴 했지만, 가슴속엔 공부에 대한 해결되지 않은 고민이 가득했다. 쉽지는 않겠지만 계속 고민하다 보면 언젠가는 답을 찾을 수 있을 거라 생각했다. 그렇게 스스로에게 질문을 던지기 시작한 지 4년이 지난 중학교 1학년 여름, 나는 드디어 그 질문에 불완전하게나마 답을 내릴 수 있었다.

버르장머리
없는 아이

절대 공부하지 않으리라는 결심

　유난히 햇빛이 따갑던 중학교 1학년 여름날이었다. 그날도 역시 대체 왜 공부하는지 이유를 알지 못한 채 나는 직사각형의 무거운 교실에서 창밖만 내다보고 있었다. 아무리 혼자 고민을 거듭해도 답에 근접조차 하지 못했다. 이대로는 안 될 것 같았다.

　나는 수업 시간에 들어오시는 선생님들께 손을 들고 여쭤보기로 결심했다. 가르치는 일을 업으로 삼으신 분들이니 무언가 제대로 된 답을 알고 계시지 않을까 하는 마음이었다. 반 친구들의 시선을 한 몸에 받게 되겠지만, 질문에 답을 찾기 위해 기꺼이 '관종'

이 되기로 했다. 그리고 나는 그날 처음으로 수업 시간에 손을 들고 질문이란 것을 해보았다.

처음은 국어 시간이었다. 그날치 진도가 빠르게 마무리되는 낌새에, 나는 손을 들었다.

"김규민, 뭐 궁금한 거 있어?"

선생님의 지목에 반 아이들이 나를 의아한 눈빛으로 돌아보았다. '공부도 안 하던 애가 웬 질문?' 친한 친구들마저 '쟤 왜 저런대?' 하는 얼굴이었다. 숨을 고른 나는 차분히 말했다.

"선생님, 이건 왜 공부하는 건가요?"

"……뭐?"

선생님은 무척 당황하신 눈치였다. 설마 내가 그런 걸 물으리라고는 생각지 못하셨던 것 같다.

"음……, 일단 대학에 가기 위해서지."

"그럼 대학에 안 가는 사람은 이걸 배우는 의미가 없겠네요?"

"아니지! 국어를 모르면 그게 한국 사람이냐?"

"한국인이라 배우는 거예요? 저 한국어 할 줄 아는데 그럼 안 배워도 되나요?"

"너 지금 나랑 농담 따먹기 하자는 거야? 일단 열심히나 해!"

선생님은 화를 내며 답을 얼버무리셨다. 반 아이들은 키득거리면서 날 지켜봤다. 아마 내가 그냥 반항심에 들이받은 거라 생각한 모양이다. 하지만 난 진심이었다. 국어 수업 다음 시간에도, 그 다음 시간에도 쭉 질문 퍼레이드를 이어갔다.

"선생님, 대체 이걸 왜 공부하나요?"

"선생님께서는 학생 시절에 왜 공부하셨나요?"

"왜 이유도 알지 못한 채 공부해야 하나요?"

아이들은 이어지는 내 질문에 점차 얼굴이 질려갔다. "야, 너 왜 이래, 진짜. 선생님들 화내시잖아. 그만해라, 좀."이라며 말리는 친구도 있었고, "아, 진짜, 진도 좀 나가자!"라며 닦달하던 상위권 친구도 있었다. 하지만 어릴 적부터 '황소고집'으로 유명했던 나는 포기하지 않고 끈질기게 질문했다.

선생님들의 반응은 일단 화를 내시거나 혹은 설득하는 식이었나. "하기 싫으면 하지 마!"라며 질문의 의도를 왜곡하거나, "나중에 가면 다 쓸 데가 있어."라며 미래의 '막연한 쓸모'를 근거로 드셨다. 그것도 아니면 "그런 고민 할 시간에 한 글자라도 더 봐!" 하고 질문 자체를 묵살하셨다.

나는 그날로 '존재감 없는 아이 1'에서 '버르장머리 없는 아이'로 자리매김했다. 집념 어린 고집 덕분에 유명인사가 된 것이다.

이 대목에서 나의 황소고집에 대해 짚고 넘어가려 한다. 나는 아주 어릴 적부터 무언가를 이해하지 못한 채 단순히 납득하고 넘어가는 것을 극도로 싫어했다. 그렇다고 해서 마음을 꾹 닫고 이해조차 하지 않으려 했던 것은 아니다. 오히려 정반대였다. 문제 상황이 생길 때마다 어떻게든 이해하고 싶었고, 마음을 활짝 열고 이해할 준비도 했다. 그럼에도 불구하고 이해가 되지 않는다면 이해가 될 때까지, 몇 시간, 며칠, 몇 년이고 끈질기게 질문을 던져 답을 찾아내려 했다. 내 사전에는 '이해가 안 된 채로 단순히 납득한다'는 개념 자체가 없었다.

아무튼 공부를 도대체 왜 하는 것인지, 주변 친구들은 대체 어떤 이유로 지금 교실에 앉아 있는 것인지, 그 무엇도 여전히 이해하지 못했던 나는 그 이유를 명확히 깨닫기 전까지는 공부를 하지 않겠다는 나름의 선언을 내렸다.

나만의 답을 찾은 짜릿한 순간

그날 이후로 교실 왼쪽 줄 맨 뒤의 짝꿍 없는 자리는 나의 전용석이 되었다. 나는 홀로 앉아 습관처럼 창밖을 내다보며 풍경을 즐기곤 했다. 그날도 역시 교실에서 창밖만 내다보고 있었다. 햇빛이 눈을 찔러 따가웠던 탓인지, 중저음의 나긋나긋한 선생님의 목소리 탓인지 더 나른했던 오후였다.

점심을 먹고 난 후 5교시, 반쯤 감긴 눈으로 운동장을 내다보고 있자니 헐레벌떡 교실로 뛰어 들어가는 아이들과 뒤에서 소리치시는 선생님이 보였다. 몇몇 친구들은 땀인지 물인지 모를 것들을 마구 흘리며 흠뻑 젖은 채 뛰어 들어오는 중이었다. 평소 나는 대체 그 친구들이 왜 추우나 더우나 그렇게나 열심히 뛰어다니는지 도통 이해할 수 없었다. 그러나 그날은 달랐다.

'퉁, 퉁'

나른한 오후, 선생님의 목소리 너머로 익숙하지만 낯선 소리가 들렸다. 친구들은 운동장에서 서로 몸을 부대끼며 3미터 위의 동그란 골대에 공을 한 번 넣어보겠다고 악착같이 드리블을 했다. 서툰 패스 몇 번 후에는 눈도 제대로 뜨지 않고 슛을 던지고 있었는데 그 모습이 이상하게 너무 멋있어 보였다. 지금 와서 생각해보면 그 친구들의 농구는 기초도 안 갖춰진 드리블에 엉망진창이던 패스와 들어가는 게 더 이상한 슛뿐이었는데 말이다. 피가 들끓는 기분이었다. 그들과 함께 뛰고 싶었다. 같이 몸을 부대끼고 싶었다.

처음이었다. 그렇게까지 감정이 요동쳐본 적은 말이다. 고막을

울리는 '퉁, 퉁'거리는 농구공 소리가 온몸을 가득 채웠다. 아찔하면서도 뜨거운 느낌에 온몸의 세포 하나하나가 반응하는 듯했다.

수업이 끝나자마자 농구장으로 달려갔다. 처음 보는 친구들이었지만, 그리고 아마 선배도 몇 명 끼어 있었던 것 같지만, 뭐 어떤가. 땀을 부대껴가며 미친 듯이 공을 튕겼다. 규칙도 모르고 누가 같은 편인지도 헷갈려 엉뚱한 패스를 남발했다. 우습게도 두 눈을 꼭 감고 들어가지도 않을 슛을 수십 번 던졌다. 너무 즐거웠다. 아니, 즐겁다는 그런 흔하고 시시한 말로는 설명할 수 없었다. 모든 순간들이 행복했다.

해가 져 어둑해질 무렵 땀범벅이 된 채 집으로 돌아가는 길에, 나는 메타인지로 알게 된 제3자의 눈으로 나를 봤다. 온몸이 땀으로 젖은 채 지금껏 지어보지 못한 환한 웃음을 짓고 있는 아이가 보였다. 다시 내게 질문을 던졌다.

"나는 지금 무엇을, 왜 하고 있는 것인가?"
"농구를 하고 있어. 너무나 행복하기 때문에."

처음으로 자신 있게 답할 수 있었다. 질문을 던지기 시작한 지 4년 만이었다.

첫 번째 꿈,
프로 농구 선수

행복한 '농구 괴물'의 탄생

그날 이후로 내 삶에 커다란 변화가 생겼다. 모든 날이 행복했다. 매일 오전 어머니께서 깨우시기도 전에 일어나 후다닥 아침을 먹고 학교로 달려갔다. 학교에 도착하자마자 바로 농구장으로 달려가 시계 방향으로 다섯 바퀴, 반시계 방향으로 다섯 바퀴를 돌며 굳은 몸을 풀었다. 머리털 나고 처음으로 진심을 다해 열심히 살던 그때의 아침, 습하지만 새벽의 서늘함이 남아 있던 공기를 나는 아마 평생 잊지 못할 거다.

몸을 푼 후에는 골밑 슛을 던지기 시작했다. 아무것도 모르지만

일단 동그란 골대에 공을 넣고 싶었다. 첫 한 달 동안 골밑 슛만 죽어라 던졌다. 골밑 슛은 아무리 멀리 튕겨도 반경 두 발자국 안으로 공이 떨어진다. 농구장에 도착한 이른 아침부터 1교시가 시작하기 전까지 약 2시간 동안, 적어도 1000번은 넘게 슛을 던졌다. 아무도 없는 아침에 이슬 맺힌 농구 골대에 공을 던지며 백보드에 공 자국을 남기는 것이 얼마나 즐겁던지, 온몸이 다 짜릿했다.

하루에 1000번씩, 몇 주가 지나자 골밑 슛 정도는 눈 감고도 넣을 수 있게 되었다. 자신감이 붙은 나는 이제 공을 튀기기 시작했다. 쉽지 않았다. 어디 하나 각진 부분 없는 동그란 공이 왜 그렇게 사방팔방 튀던지. 내 팔이 내 것 같지 않게 느껴질 정도로 죽어라 드리블 연습을 했다. 그렇게 비가 오나 눈이 오나 단 하루도 빠짐없이 매일 노력한 끝에 어느새 우리 학교 농구부에 들어갈 수 있을 정도의 농구 실력을 갖추게 되었다. 당시 나는 농구가 힘들다는 생각을 해본 적이 없었다. 그저 즐거움. 세 글자뿐이었다.

물론 농구했던 시간들은 신체적으로 정말 많이 힘들었다. 매일 근육이 찢어지는 고통을 이겨내야 했고, 무릎 연골이 닳고 닳아 40대의 무릎이라는 진단까지 받을 정도였다. 손톱에 여기저기 긁히거나 발목이 꺾여 인대가 늘어나는 것은 밥 먹듯 자주 있는 일이었다. 눈이 찢어지고 이가 부러졌으며 심지어는 눈 안에 상대편

손가락이 들어갔다 나와, 피가 뚝뚝 떨어진 적도 있었다. 이보다 더 심한 고통이 있을까 싶던 날도 많았고, 두 시간이 넘도록 경기를 뛴 다음 의식을 잃고 기절하는 바람에 가장 친한 친구에게 업혀 간 적도 있었다.

그럼에도 불구하고 비가 오나 눈이 오나 매일 아침 6시 30분이면 운동장에서 공을 튕겼고, 수업 시간에는 제일 뒷자리에서 농구 전술을 짰으며, 틈만 나면 기마자세로 하체 근력을 키웠다. 점심시간에는 부리나케 밥을 먹고 농구장으로 달려갔고, 점심시간 이후 수업이 끝날 때까지는 체력 보충을 위해 잠을 잤다가 수업이 끝나면 다시 농구. 농구에 미쳐 하루가 저물었다.

나의 꿈은 죽었다 깨도 프로 농구 선수가 되는 것이었다. 그런 확고한 꿈이 있었기에 아무리 힘들어도 그 사실조차 의식하지 못한 상태로 쉬지 않고 농구를 했다. 꿈은 나를 달리게 했다. 하루하루 점프가 높아지고 슛이 정확해지는 걸 보고 있노라면 꿈에 한 발 한 발 다가가고 있다는 것이 생생하게 느껴졌다.

이즈음 농구에 미친 나를 보는 부모님의 심정은 편치 않으셨던 듯하다. 내가 농구를 하겠다고 선언한 날 어머니께서는 당황하셨고 아버지께서도 달가워하지 않으셨다. 하지만 황소고집 김규민 아니던가. 어린 나이이긴 했지만 한 고집하는 나이기에 부모님께서도 반쯤은 포기한듯 보였다.

꿈은 힘든 과정을 연소해주는 가슴속 불씨

뼈를 깎는 고통을 이겨내며 농구를 하던 중학교 시절, 친구들은 내게 이렇게 말했다.

"아니, 그 힘든 걸 대체 왜 하는 거야? 나 같으면 안 해."

그러면 나는 늘 이렇게 말하곤 했다.

"행복하니까 하지."

'힘들다'라는 단어와 '행복하다'라는 단어는 같이 쓸 수 없다고 생각하는 경우가 많다. 절대 그렇지 않다. '힘들다'와 '행복하다'는 분명 함께할 수 있고 그 둘이 나란히 있는 그 순간, 힘들어도 그 사실조차 잊고 흠뻑 빠져들 수 있다. 그 행복감 자체가 꿈을 향한 장작이었다.

"너네도 공부하는 거, 즐거워서 하는 거 아니야?"

내가 농구를 하는 이유와 마찬가지의 이유로 친구들도 공부를 하지 않을까 하고 추측했다. 그러나 나의 생각은 비껴갔다.

"즐겁다고? 공부가? 미친 거 아니야? 대체 왜?"

열이면 열, 백이면 백, 전부 다 하나같이 이렇게 대답하곤 했다. 적어도 내가 물어본 친구들은 '공부는 이유는 몰라도 그냥 해야만 하는 것'이라고 생각하는 듯 보였다.

안타까웠다. 내가 사랑하고 아끼는 사람들이, 그러니까 반짝반짝 빛나는 꿈을 꾸며 힘차게 헤엄치고 있는 줄 알았던 이들이 뻐끔거리고 있는 모습이 너무 안타까웠다.

한참이 지나서야 머릿속에 정돈된 생각이지만, 어떤 길을 걸어가고 어떤 공부의 세계를 모험하든, '가장 첫 단계는 각자의 꿈을 꿔야 하는 것'임을 어렴풋이나마 느꼈던 순간이었다.

그러나 자가당착自家撞着이라 하던가. 나는 그리 오래 지나지 않아 이 생각이 가진 치명적인 허점으로 인해 좌절하는 순간을 만나게 되었다. 그러니까 '프로 농구 선수가 되기만 하면 된다'라는 생각은 진리가 아니었다.

꿈은
명사가 아닌 동사

'실패'라는 두 글자가 새겨진 날

중학교 3학년 가을이었다. 그러니까 2015년 5월 27일에 생애 첫 덩크를 성공하고 다섯 달쯤 지난 후였으리라. 아마도 나의 농구 인생에서, 아니 전 인생을 통틀어서도 가장 몸이 좋았을 때가 아닐까 싶다. 그때의 나는 말 그대로 '언터처블', 그러니까 쉽게 말해 '날아다녔다'. 순발력, 속도, 폭발력, 점프력, 슛 정확도, 밸런스, 드리블 등 모든 능력이 날개를 활짝 폈을 때였다. 이제는 정말 '프로 농구 선수'라는 꿈이 더 이상 꿈으로만 남지 않을 것 같았다.

당시 내 머릿속은 온통 농구였기에 공부는 뒷전이었다. 공부에서 아예 손을 놓는 바람에 당장 외우지 않으면 시험 문제를 풀 수 없는 음악, 미술 같은 예체능 과목은 거의 0점에 가깝게 받았지만, 기초가 있었던 다른 과목 덕분에 성적이 급격히 떨어지지는 않았다. 성적표를 본 부모님께서는 한숨을 쉬셨지만 미친 것처럼 농구에 열정을 쏟는 내 모습을 보고 더는 나무라지 않으셨다.

고등학교 진학을 앞둔 10월, 농구부 입단 테스트를 받아보지 않겠냐고 선생님이 물으셨다. 나는 한껏 설레는 마음으로 테스트장으로 향했다. 그것도 잠시, 하늘 위로 한껏 치솟았던 설렘은 이내 깊은 실망으로 곤두박질치고 말았다.

키가 작다고 했다. 5cm가 부족하단다. 실력은 얼마든지 길러줄 수 있고 점프력도 꽤 좋은데 키가 작다고 했다. 손가락 두 마디를 가리키며 딱 이만큼만 커서 다시 찾아오면 받아주겠다고 했다. 그러고는 부모님, 친척들, 사촌들의 키를 물었다. 그들 중 내가 제일 크다는 말을 듣자 그분은 입으로 '안 되겠네'라는 말을 소리 없이 내뱉었다. 눈물 가득한 나의 두 눈을 본 그분은 아직 희망이 있으니 성장판 검사를 해보는 게 어떻겠냐고 물었다. 이틀 뒤 병원에서는 여기서 더 커봤자 1cm 정도일 거라는 판정이 나왔다.

'실패'. 그 순간의 나를 이보다 더 잘 설명할 수 있는 단어가 있을까 싶다. 농구 선수라는 꿈을 향해 미친 듯 달려갔던 지난 2년의 세월이 단 5분 만에 무너졌다. 그날 밤 텅 빈 농구장에서 농구공을 붙잡고 평평 울었다. 그렇게 소리 내어 세상이 떠나가라 울어본 것은 난생 처음이었다. '프로 농구 선수'라는 꿈이 무너진 나는 앞으로 영영 행복하지 못할 것 같았다. 정말로 영영 행복하지 못할 것만 같았다.

그 이튿날, 꿈을 포기해야 했지만 별 수 없었다. 학교 농구장으로 향하는 발길은 여전했다. 아니, 그런데 이게 무슨 일인가. '퉁-' 하고 공을 튕기는 순간 지난 2년간 느낀 것과 전혀 다르지 않은 행복이 밀려오는 게 아닌가. 여전히 농구가 너무 좋았다. '프로 농구 선수'라는 꿈은 분명 꺾였지만 농구하는 순간은 여전히 너무 행복했다. 이상했다.

'분명 나는 꿈이 꺾였는데……. 지금까지 나를 달리게 한 건 프로 농구 선수라는 꿈을 향해 나아간다는 데서 오는 행복이었어. 이 꿈이 실패로 돌아갔으니 나는 지금 행복하지 않아야 마땅할 것 같은데……. 그런데 왜 여전히 농구공을 튀길 때 지난 2년 동안 느꼈던 것과 티끌만큼도 다르지 않게 행복한 거지?'

꿈은 '희망 직업명' 따위가 아니다

이런 이상하면서도 신기한 경험은 내게 두 가지 고민거리를 주었다.

첫째는 "나는 꿈을 이루지 못했는데 어떻게 지금 행복한 거지?"였다. 아무리 육체적으로 힘들어도 그 사실조차 잊은 채 달려올 수 있던 것은 '꿈을 향해 나아가고 있다는 데서 오는 행복' 때문이라 생각했다. 그런데 꿈이 꺾인 뒤에도 다리가 후들거려 한 발도 더 움직이지 못할 때까지 농구하는 것이 정말 행복했다. 사실 그렇게 열정을 쏟았던 농구한테 배신당했다는 기분에 쳐다보기도 싫을 줄만 알았다. 그런데 웬걸. 여전히 나는 너무 행복한 것이다.

이 고민은 "나는 지금까지 정확히 무엇 때문에 행복했던 것인가? '프로 농구 선수로 나아가는 길을 걷는다는 사실' 때문에 행복했던 것인가? 아니면 '농구하는 것 자체'가 행복했던 것인가?"라는 질문을 물고 왔고, 이내 "나는 농구하는 자체가 행복했던 것이구나."라는 결론에 다다랐다.

그러자 두번째 의문이 들었다. "지난 2년 동안이나 지금이나, 농구를 대하는 나의 마음이 전혀 달라지지 않았고 똑같이 행복한데, 왜 '꿈이 꺾인 사람'이 되어야 하지?" 그리고 이 질문은 꼬리를 물어 "내 진정한 꿈이 과연 프로 농구 선수였는가?"라는 고민을 불러

왔다. 이 의문은 "꿈이란 것은 꼭 직업이어야 하는가?"로 이어지면서 갑자기 뒤통수를 한 대 얻어 맞은 듯한 기분이 들었다.

생각해보니 '프로 농구 선수'는 '꿈'이 아니라 단지 '희망 직업명'일 뿐이었다. 그런데 꿈의 본질은 단순히 희망 직업명 따위에 머물러서는 안 되는 것이다. 만약 꿈이라는 것의 정체가 단지 희망 직업명이라면, 그 직업을 갖게 되기만 하면 그 이후로는 어떻게 되든 행복해야 마땅할 것이다. 꿈을 이룬 것이니 말이다.

그러나 프로 농구 선수라는 직업을 가지기만 한다면 그 이후에는 어떻게 되든 정말 행복할까? 아닐 것이다. 또, 꿈이 단지 희망 직업명이라면 그 직업을 갖지 못한 자들은 전부 '꿈에 실패한 사람'이 되어 불행해야 하는데, 나는 여전히 농구하는 모든 순간이 진실로 행복했다. 즉 꿈은 희망 직업명 따위가 아니었다. 꿈은 명사형의 희망 직업명이 아니라, 빛나는 지느러미를 달고 힘차게 헤엄치는 동사형의 행위였다.

이렇게 두 가지 의문에 대해 답을 내리고 지난 시간을 되새겨보니, 나의 생각이 여러가지로 잘못되었다는 사실을 깨달았다. 나는 '프로 농구 선수라는 꿈을 향해 나아간다는 데서 오는 행복'이 장작이 되어 달려올 수 있었다고 생각했는데, 아니었다. '행복의 근원'은 '꿈을 향해 걸어가고 있다는 사실'에 있는 것이 아니라 '농구라는 행위 자체'에 있었다. 나의 꿈은 명사형의 '프로 농구 선수'가 아니라 동사형의 '신나게 농구공을 튕기며 몸을 부대끼는 행위'였다.

갑작스럽게 다가온 새로운 꿈

농구를 접으면서 나는 다시 평범한 고등학생으로 돌아왔다. 끝끝내 답을 찾지 못했던 "왜 공부해야 하지?"라는 질문을 또 마주보게 된 거다.

그러다 고등학교 1학년 가을 언저리, 새로운 꿈이 예기치 않은 순간 불현듯 다가왔다. 점심시간이 끝나기 20분쯤 전, 가만히 밖을 보고 있는데 한 문장이 머리에 박혔다.

'아프리카에서는 3초에 한 명씩 기아와 질병으로 죽고 있습니다.'

국제구호단체의 이런 외침은 지하철이나 인터넷, 텔레비전 광고에서 수도 없이 들어봐 온 얘기였다. 그 말에 진심을 다해 마음 아파하는 이는 몇이나 될까? 나 또한 한 귀로 듣고 한 귀로 흘리던 사람들 중 하나였다. 그런데 그날은 달랐다. 간단한 약 한 알만 있으면 살 수 있는 아프리카의 어린 생명들이 눈앞에 아른거렸다. 갈증을 해결하기 위해 흙탕물을 마시던 영상 속 그들이 아찔하게 눈앞을 지나갔다. 그들은 나와 대체 뭐가 다르기에 늘 굶주림, 질병과 목숨을 건 사투를 벌여야 하고, 나는 이렇게 맛있는 점심을 양껏 먹고 가만히 앉아 있는 것인가. 지금도 왜 하필 그날 그 순간 이 생각이 떠올랐는지는 잘 모르겠다. 하지만 지금껏 내 삶에 가장 큰 전환점을 가져온 날인건 분명했다.

화가 났다. 막 치밀어 올랐다. 억울하고 안타까웠다. 내 생명과 아프리카 거주민의 생명 가치는 한 톨도 다름없이 동일하게 소중할 텐데, 대체 왜 그들의 생명은 쉽고 허무하게 꺼져버리는가.

나라면 어떨까? 내 온 감각을 동원해 죽어가는 사람들의 마음을 느껴보고 싶었다. 너무나 목이 말라 흙탕물을 벌컥벌컥 마시고, 파리가 다리에 알을 까 구더기가 가득해진 다리를 본다. 코앞에 놓인 먼지 가득한 음식을 보며 맛을 느낄 새도 없이 허겁지겁 배 속으로 넣고, 팔을 들 힘조차 없어 얼굴에 파리가 앉아도 쫓아내지 못한 채 가만히 누워만 있자니 고통스럽고 온 세상이 원망스러웠다. 숨을 쉬며 살아 있기는 하지만 이것이 사람다운 삶이라 할 수 있는지 의구심이 들었다.

그들을 살리고 싶었다. 적어도 그들의 세상이 이토록 쉽고 허무하게 막을 내리지 않도록, 그들이 빛나는 지느러미를 힘차게 휘저으며 바다를 헤엄칠 수 있도록.

"나는 수많은 생명을 살리고 싶어."

새로운 꿈을 찾은 순간이었다.

두 번째 꿈,
아프리카의 생명을 살릴 수 있다면

다시 공부로 돌아오다

의사가 되겠다는 원대한 꿈을 품었지만, 현실을 돌아보니 막막했다. 시기는 고등학교 1학년 가을. 공부할 시간은 단 2년뿐이었다. 정말이지 공부에는 까막눈이나 다름없는데 이제 와서 공부라니……. 초등학생 때는 그나마 시늉이라도 했지만 중학교부터는 농구한 기억밖에 없다. 3년 동안 펜을 잡아본 적이 며칠이나 되는지 아득했다.

중학생 때 놀았다고 하면 "그래서 그때 몇 등이었는데요? 이래 놓고 시험은 잘 본 거 아니에요?"라고 묻는 사람이 있다. 놀랍게도 몇 등이었는지조차 기억이 안 난다. 성적표를 제대로 본 역사가 없어 내 등수도 기억 못 할 정도니 말 다했다.

이런 내가 갑자기 의대에 가겠다니, 내가 생각해도 만만치 않은 도전 같았다. 마음이 조급해지기 시작했다. 일단 교과서를 펼쳤는데 머리가 새하얘졌다.

'그런데 공부는 어떻게 하는 거였더라……?'

농구는 그 자체가 좋아서 열심히 한 거지만, 공부는 출발선이 달랐다. 그때만 해도 공부를 의사가 되기 위한 수단 정도로만 여겼던 터라, 처음부터 즐겁게 덤벼들 수 없었다. 공부가 재미있을 거란 기대는 전혀 하지 않았다.

공부를 처음 시작했을 때 나를 제일 괴롭혔던 건, '이렇게 열심히 했는데도 바라는 만큼 성적이 안 나오면 어떡하지?' 하는 두려움이었다 후에 알았는데 이걸 '자기불구화의 함정'이라고 한다. 한번 의심이 들자 공부가 손에 잡히지 않았다. 온 힘을 다해 노력했다가 실패하면 완전한 패배자가 될 것 같아 노력을 하는 것도 망설여졌다.

의심이 섞이니 공부하는 와중에도 불안했다. 마음 한구석에 불안이라는 곰팡이가 싹트자 곧 온 마음이 다 불안으로 뒤덮였다. 겉으로는 집중하는 척했지만 "그만큼 공부하고도 이 정도밖에 안 돼? 의대는 못 가겠네."라는 평가를 받을까 봐 노심초사였다.

그렇게 1학년이 끝나고 고등학교 2학년을 맞이한 새해 첫날이었다. 연말연시 분위기 덕에 묘하게 마음이 차분해진 나는 꿈부터 찬찬히 되짚어보았다. 원하는 만큼 성적이 안 나오더라도 의사가 되고자 하는 결심이 흐트러지는 건 아니었다. 그렇다면 불안까지 받아들이고 노력하는 수밖에 없지 않은가. 아직까지도 생생한, 새해가 시작되는 보신각 종소리를 들으면서 다짐했다.

'죽이 되든 밥이 되든 일단 해보자. 실망하더라도 이번 한번은 정말 내가 할 수 있는 최선을 다하는 거야.'

1월 1일의 결심은 봄까지 이어졌다. 불안에서 빠져나온 뒤로는 정말 죽도록 열심히 공부했다. 처음에는 매일 운동만 하던 몸을 차분히 가라앉히는 것부터가 문제였다. 책상 앞에 앉는 습관부터 들이려고 일주일 간 허리 굽히지 않기를 실천하기로 하기로 다짐했다. 본격적으로 공부를 하는 게 아니라 그냥 허리를 펴고 앉아 있는 게 목표였다. 허리가 끊어질 것처럼 아팠지만 독하게 일주일을 버티자 책상 앞에 앉는 게 점점 익숙해지기 시작했다. 자세가 갖춰지고부터는 실전 공부법을 탐색했다. 본보기로 삼을 만큼 공부 잘하는 애들을 관찰하니, 그 친구들은 수업을 누구보다 열심히 듣고 교과서를 열심히 보았다.

'그래, 나는 기초가 부족하잖아. 일단 닥치는 대로 외우기라도 해보자.'

교과서를 통째로 머릿속에 넣어버리겠다는 각오로 교과서의 모든 글자를 빈 노트 몇 권에 빼곡히 베껴 적었다. 사진에 들어가는 설명 하나, 도표 하나 빠뜨리지 않고 글씨란 글씨는 다 적어가며 외웠다. 그걸로도 모자라 선생님 설명은 물론 수업 시간에 흘린 농담까지 꼼꼼하게 베껴 쓰며 복기했다. 이렇게 비효율적으로 공부하니 당연히 시간이 부족해 밤잠을 줄일 수밖에 없었다. 졸지 않기 위해 한밤중에도 몇 잔씩 커피를 들이켰고, 그래도 잠이 깨지 않을 땐 물 없이 커피 알갱이만 와그작와그작 씹어 먹었다. 문자 그대로, 단 1초도 허투루 보내지 않았다. 화장실에 갈 때도 머릿속으로는 지금 공부한 내용을 떠올리고 응용하려 애썼다. 그동안 못했던 만큼 더 필사적으로 공부했다. 그때 나는 농구에 미쳤던 만큼 무섭게 공부에 몰입했다. 두번째로 찾아온 그 꿈을 절대 놓치고 싶지 않았다.

진심으로 공부하는 법

공부를 다시 시작한 날 이후, 나는 밤마다 불을 끄고 누워서 내 자신에게 이런 질문을 던졌다.

"오늘 하루를 100번 다시 산다고 해도 오늘 산 것보다 단 1초라도 더 열심히 살 수 있을까?"

그리고 이 질문에 대해 자신 있게 "아니."라고 답할 수 있도록, 깨어 있는 모든 순간에 최선을 다했다. 윤동주 시인의 말을 빌리자면, '하늘을 우러러 한 점 부끄럼 없'도록, 나는 늘 내가 할 수 있는 만큼을 다했다. 그리고 지금 다시 그때의 2년을 돌이켜봐도 여전히 자신 있게 말할 수 있다.

"그 시절로 100번, 1000번을 다시 돌아간다고 해도 그때보다 단 1초라도 더 열심히 살 수 없어."

2학년이 돼서 두 번째 모의고사를 보던 날, 놀라운 일이 벌어졌다. 그간 얼마나 열심히 공부했던지 문제가 특별히 어렵게 느껴지지 않았다. 문제만 봤을 뿐인데 성적이 잘 나올 거라는 자신감이 생겼다. 모의고사 성적표가 나온 날, 나는 그날의 자신감을 웃도는 점수를 받아들게 되었다. 성적표에 적힌 숫자는 백분위 100.00, 그러니까 '전국 1등'이었다.

나는 밥 먹듯 1등 하고, 수학 문제를 척척 풀어내는 그런 아이가 아니었다. 내가 전국 1등을 하리라고는 예상도 하지 못했다. 중학교 때 워낙 운동에 몰두했던 터라, 공부를 시작하던 때의 성적도 썩 좋지 않았다. 아무리 공부해도 1등은 남의 일이었다.

그런데 한 번 1등을 해보니 그전과는 완전히 다른 마음이 드는 게 아닌가. '나도 1등을 할 수 있는 거였어. 심지어 전국 1등을! 불안해할 시간이 있으면 진작 열심히 할 걸. 이 자리는 누구 것이라고 정해진 게 아니었는데!'

고3 때 나를 처음 본 친구들은 내 성적에 감탄했다.

"네가 1등만 한다는 애구나? 진짜 대단하다. 어떻게 그렇게 공부를 잘해? 너 같은 애들은 타고난 1등감이야."

하지만 중학생 때부터 알던 친구들은 내 노력에 감탄한다.

"중학생 땐 농구밖에 안하더니, 너처럼 진심을 다하면 다 이룰 수 있는 거구나."

그 후로 나는 성적에 관심을 뚝 끊었다. 공부를 하는 것 자체에 재미를 느끼니 등수는 그저 시험 보면 나눠주는 종이쪽지에 그쳤다. 등수에 연연했다면 오히려 1등을 사수하려고 홀로 고군분투하다가 방전돼서 쓰러졌을 거다. 하지만 다행히도 나는 공부 자체가 좋아졌다. 1등에서 미끄러져서 갑작스럽게 100등, 1000등, 10000

등을 한다고 해도 흔들리지 않을 자신이 있었다.

실패에 대한 두려움을 떨쳐내자 성적표가 두렵지 않았다. 아이러니하게도 성적에 전혀 관심을 두지 않았음에도 불구하고 그때이후 내 성적은 줄곧 1등을 기록했다. '깜짝 1등, 언제까지 1등하나 보자'하고 벼르던 사람도 있었고 '김규민 이러다 진짜 의대 가는 거 아냐?' 하고 호기심에 눈을 반짝이던 사람도 있었다. 하지만내가 성적에 관심을 갖지 않으니 그들의 흥미도 곧 사그라들었다.

공부는 내 인생에 없다고 생각했는데, 공부가 나를 새로운 세상으로 인도해주는 것 같았다. 의사가 되겠다는 결심이 더는 불가능한 꿈이 아니었다. 모두가 비웃던 꿈은 점차 손에 잡힐 듯 생생한꿈이 되어갔다.

드디어 서울대 의대
수석 합격

교장 선생님의 원서 보이콧

고등학교 3학년 초가을 즈음 수시 대학 원서를 쓰는 때였다. 내가 서울대학교 의과대학에 수시 원서를 쓰겠다고 하자 교장 선생님과 교감 선생님께서 나를 뜯어말리셨다.

"규민아, 서울대 의대를 쓴다는 게 정말이냐?"

"네. 담임선생님께는 이미 말씀드렸어요."

"아니, 일단 부모님과 상담을 해봐야겠다. 너 아직 원서 쓰지 마!"

알고 보니 교장 선생님께서는 몇 번씩이나 어머니께 전화하셔서 다른 학과에 지원하는 게 어떻겠냐고 회유하셨다 한다.

"어머니, 규민이가 성적이 좋기는 하지만 서울대 의대라니요. 그냥 의대도 아니지 않습니까?"

"이미 본인이 결정한 일이라……. 저희는 허락하기로 했어요."

"아니 어머니까지 그러시면……! 입시를 잘 모르셔서 그러시는 거 같은데, 그러다 재수할 수도 있어요! 의대 말고 생명공학부는 어떠세요? 생명공학부도 의대만큼 좋거든요!"

내가 워낙 강경하게 나가서인지, 부모님께서도 내 의견에 전적으로 동의하는 상태셨다. 교장 선생님의 전화 공세에도 어머니께서 흔들리지 않자, 급기야는 나를 따로 불러서 만류하시기까지 했다.

"서울대 의대를 아무나 가는 줄 알아? 서울대는 전교 1등이라고 다 갈 수 있는 데가 아니야! 괴물 중의 괴물이라 불리는 애들도 떨어지는 곳이라고!"

"그렇지만…… 제가 '아무나'는 아니잖아요."

"들어봐! 지금까지 매해 전교 1등이 있었지만, 아무도 서울대 의대는 가지 못했어. 우리 학교만이 아니라, 우리 지역 전체에서 수시 전형으로 서울대 의대를 들어간 역사가 없다고! 다 너를 생각해서 하는 말이다."

그분들이 만류하는 이유는 간단했다. 지금까지 경기도 안양시 전체에서 그 누구도 수시 전형으로 서울대학교 의과대학을 간 적이 없다는 거다. 특히 내가 나온 고등학교에서는 어떤 전형으로든 그 누구도 서울대학교 의과대학에 진학한 사람이 없으니 나도 안 될 거라 했다.

내게는 이 이유가 너무 이상하게만 느껴졌다. 지금까지 아무도 가지 못했다는 것은 잘 알고 있다. 그렇지만 그 사람들이 가지 못했으면 나도 가지 못하는 게 당연한가? 모든 일에는 '최초'가 있다. 대한민국 최초의 대통령, 최초의 파일럿, 최초의 의사. 그렇다면 나도 안양시 최초의 서울대 의대생이 될 수 있는 거 아닌가. 함부로 나의 가능성을 무시하고 단정하는 교장 선생님의 말씀에 흔들리지 않기로 했다. 그래서 이렇게 말씀드렸다.

"두고 보세요. 제가 신화를 써드릴게요."

수능 시험과 서울대 수시 면접

2018년 11월 15일. 2019학년도 대학수학능력시험이 다가왔다. 어릴 적부터 '실전은 연습처럼, 연습은 실전처럼'이라는 어머니의 말씀을 많이 들어와서 그랬는지, 내 실력에 대한 '차고 넘치는 자신감' 때문이었는지, 그것도 아니면 시험 시간도 그저 '공부하는 또 다른 시간' 정도로 여겨서 그랬는지 모르겠지만, 돌이켜보면 시험 당일이 어땠는지 잘 기억나지도 않을 정도로 수능 당일은 내게 '평범한' 날이었다.

지난 2년간 단 하루도 빠짐없이 해왔던 여느 날처럼, 그날도 새벽 4시 30분에 눈을 떴다. 수능을 앞둔 학생들에게 항상 말하는 거지만, 수능 당일의 가장 이상적인 시나리오는, 그날이 수능 날인지 모르고 가서 앞에 놓인 종이가 수능 시험지인지 모른 채 그저 즐겁게 공부를 하고, 다 끝나고 나와서 돌이켜보니 "어! 오늘이 수능이었네!" 하는 것이다.

완전히 이 정도는 아니었지만 나도 크게 다르지 않았다. 솔직히 오전 7시에 수능 시험장에 딱 도착한 직후에는 조금 떨렸다. 평소에 학교에서 모의고사를 칠 때든, 공부를 할 때든, 항상 시계 없이 공부했었기에 시간에서 자유로웠지만 수능 날 아침에는 울며 겨자 먹기로 손목시계를 차고 시험장에 갔기 때문이었으리라. 늘 비어 있던 손목에 시계가 있으니 '오늘이 시험이구나!'라는 사실이 인지되어 떨렸던 것 같다.

그렇지만 불행인지 다행인지, 오전 7시에 학교에 도착한 후 책상 위에 손목시계를 벗어둔 채 잠시 화장실을 다녀온 사이, 시계가 바닥에 떨어져 그만 고장나버렸다. 아마 앞자리 학생분이 자리에 앉다가 떨어뜨린 것 같기는 했지만 나로서는 다행이었다. 어차피 고장난 거, 마음 편하게 가방 안에 시계를 넣었다. 눈앞에서 시계가 없어지자 마음이 편안해졌다. 시간 안에 풀어야 한다는 압박감에서 벗어났기 때문일 테다.

그 다음부터는 잘 기억나지도 않을 정도로, 여느 날처럼 평범하게 공부하는 기분으로 시험에 응했다. 국어 시험 시간에는 즐겁게 국어 지문과 대화했고, 수학 시험 시간에는 즐겁게 논리를 전개해보았다. 나머지도 마찬가지로 그저 즐거운 학습의 시간이었다. 오전 8시 40분부터 오후 4시 32분까지, 평온한 마음 하나로 시작해서 잔잔하게 마무리하였다. 그다지 거창하지도, 긴장되지도 않았던 '학창 시절의 마지막 시험'이었다.

대학수학능력시험을 치른 후 일주일하고도 조금 더 지난 11월 24일, 서울대학교 의과대학 수시 면접날이 밝았다. 그로부터 3년도 더 지났지만 그날의 공기를 나는 아직도 생생히 기억한다. 새벽부터 폭설이 내려 도로는 꽉 막혔고, 집에서 한 시간 반이면 가는 거리였지만 두 시간이 넘도록 학교에 도착하지 못했다. 다행히 면접 시각보다 세 시간은 더 일찍 출발했던지라, 시간 안에 학교에 도착하기는 했지만 학교와 서울대병원이 붙어 있는 탓에 그 안에서 길을 잃어버려 그 세 시간이 퍽 정신없이 지나갔다.

　나는 수시 전형, 그중에서도 일반 전형으로 지원을 했는데, 일반 전형 최종 합격자는 80명, 그리고 면접을 보러 온 학생은 160명이었다. 두 명 중 한 명은 이 학교에 다닐 수 있고, 한 명은 다니지 못하게 되는 셈이었다. 참 많이 긴장되고 떨려야 정상일 것 같던 아침이었다. 그렇지만 신기하게도, 혹은 참 다행히도, 나는 하나도 떨리지 않았다. 이제와 돌이켜보면 '나 자신에 대한 믿음'이 한 몫 했던 것 같다. '무조건 붙을 거야!'라는 믿음이 아니라, '그냥 있는 그대로의 나를 편안하게 보여주고 오자. 붙든 말든, 그게 중요한 게 아니야. 어떻게든 합격하기 위해서 나를 부풀리지 않아도 돼. 그냥 편하게, 할아버지와 수다 떨러 간다고 생각해도 충분해.'라는 믿음이었다.

　오전 9시쯤 면접이 시작되었고 나는 그 자리에 있던 학생 중 가장 먼저 면접장에 들어가는 학생 중 한 명이었다. 아마 가나다순이었지 않았나 싶다. 총 한 시간 동안 진행되는 면접에 지칠 만도 했는데 이상하게 재미있었다.

　면접을 다 보고 나서 '나는 합격이다!'라거나 '아, 나는 불합격이야!'라는 식의 느낌은 전혀 느끼지 못했다. 굳이 말해보자면 '즐거운 대화였어!' 정도의 느낌이 전부였다. 애초에 들어갈 때부터 딱히 합격, 불합격이 중요하지 않다 생각했으니 당연한 느낌이었는 지도 모르겠다.

　그렇게 면접이 끝난 후 3주 정도가 지난 2018년 12월 13일, 발표 예정일보다 하루 일찍 결과가 나왔다.

　'합격'

　그리고 그로부터 며칠 후 등록금 고지서를 출력하러 사이트에 들어가니 나를 기다리고 있던 글은 바로 '신입생 입학우수 장학금 전액'이었다.

　내가 신화를 써드린다 했을 때 교장 선생님께서는 탄식하셨다. 떨어질 나를 미리 안타까워하셨던 것 같았다. 내가 완고하게 굴자 더는 말씀하지 않으셨지만 탐탁지 않은 시선은 여전했다. 하지만 나는 꿋꿋하게 서울대 의대 원서를 썼고, 당당하게 합격했다. 그것도 전액 장학금을 받고!

　합격 후 교장 선생님께 나는 씩 웃으며 이렇게 말씀드렸다.

　"거 봐요, 제가 신화를 써드린다고 했죠?"

　후에 듣게 된 이야기지만, 나에 대한 소문이 순식간에 우리 지역 전체에 퍼져 내가 졸업한 다음 해에는 우리 고등학교에 지원한 중학생 수가 엄청났다고 한다. 나를 보고 자신의 가능성을 믿게 되어 진학한 거라면, 그들의 꿈을 한껏 응원해주고 싶다. 내가 그랬듯, 너희들도 할 수 있다고. 안양시의 첫 번째 서울대 의대 합격자수시전형는 나지만, 두 번째, 세 번째, 네 번째는 너희가 될 수 있다고 말이다.

공부에
꿈이 필요한 이유

꿈은 무한대의 연료

"너는 꿈이 뭐야?"

한창 공부 중인 청소년 학생들에게 이 질문을 던지면 열에 아홉은 표정부터 시큰둥해진다.

"아, 또 무슨 교과서 같은 얘기를 하려고요……."

"꿈은 무슨 꿈이에요. 그냥 좋은 대학, 잘나가는 과나 가면 되지."

내가 아르바이트로 과외를 하면서 만난 학생 중에는 뜬구름 잡는 소리 하지 말고 진도나 빨리 빼자고 직접적으로 얘기한 학생도 있다.

학생들에게 '꿈'은 어른들이 남발해서 식상해진 단어, 혹은 현실과 동떨어진 단어인 거 같다. 하긴 내가 학교 다닐 때도 "내 꿈은 농구 선수야."라고 진지하게 얘기하기 조금 부끄러운 분위기이긴 했다. 하지만 내가 근질거리는 분위기를 무릅쓰고 꿈 얘기를 꼭 꺼내는 건 다 이유가 있다. 꿈이 공부의 이유가 될 수 있기 때문이다.

공부는 사실 체력적으로도 정신적으로도 힘든 과정이다. 후에 나는 공부는 그 자체만으로 재미있고 즐거운 것이라는 점을 깨달았지만 그때까지는 꽤 많은 노력과 시간이 필요했다. 일단 하루 온종일 앉아 있으려면 웬만한 체력으로 버텨내지 못한다. 또 새로운 내용을 만날 때마다 어려울 수 있는데 이걸 내 것으로 익히기 위한 과정은 지겹기도 하다. 다행히 공부가 재미있게 느껴질 때도 이런저런 슬럼프를 겪을 수 있다. 기대만큼 따라주지 않는 실력에 절망하는 날도 있다. 이대로 계속하면 되는 건지 스스로에게 확신이 들지 않아 포기하고 싶은 날도 있을 거다. 그럴 때 '그럼에도 불구하고' 앞으로 나아갈 만한 힘을 어디서 얻을 수 있을까? 답은 '꿈'이라고 확신한다.

새벽부터 한밤중까지의 농구 연습, 졸음을 쫓으며 책을 들여다보던 시간들은 고통 그 자체였지만, 꿈을 품은 나는 그 고통을 달게 삼킬 줄 알았다. 일 분 일 초는 고통이지만, 그날 하루를 돌아보면 그저 달고 뿌듯했다.

꿈이란 이런 것이다. 사람을 좋은 방향으로 '살짝 미치게' 만든다. 어떠한 고통도 이겨낼 수 있게 해주고, 심지어 그 과정까지 즐기게 해주는 것. 그러니 우선 무엇 때문에 공부하는지 스스로 고민해봤으면 한다. 궁극적으로 내가 좋아하는 일, 하고 싶은 일, 그러니까 꿈의 조각을 찾아 맞춰나가는 소중한 시간을, 지금 당장이라도 가져보기 바란다. 어렴풋한 잔상이라도 좋다. 아직 꿈이 없어도 괜찮다. 무언가가 하고 싶다, 되고 싶다는 마음 하나를 떠올려본 것만으로도 자신에 대해 생각하기 시작한 것이니까. 꿈이 확실해질수록 점점 더 공부에 빠져드는 자신을 발견하게 될 거다.

꿈을 찾기 위해 할 일, 나를 사랑할 것

"이것저것 경험해봐도 제가 좋아하는 게 뭔지 잘 모르겠어요."

꿈을 대체 어떻게 찾아야 하는지 모르겠다는 학생이 많다. 나도 그랬다. 고등학교 농구부 입단을 거절당한 후 나는 많은 걸 시도해봤다. 노래방에 가서 노래도 불러 보고, 웹툰 그리기, 글쓰기 등 뭐

든 찾고 싶어 조금이라도 호기심이 생기는 건 부딪혀 보려 했다. 결국 이런 경험과 상관없이 사람을 살리겠다는 꿈을 갖게 되긴 했지만 이런 시도는 헛되지 않았다. 이 경험을 통해 새로운 꿈에 오히려 더 확신을 가질 수 있었기 때문이다. 돌이켜보면 중요한 것은 내 내면의 목소리를 듣는 것이었다.

우리의 자아는 남을 의식하는 '사회적인 나', 그리고 '내면의 진실된 나'로 나뉜다. 나는 후자를 '내면 자아'라 부른다. 꿈의 열쇠를 쥐고 있는 건 바로 이 내면 자아다. 그만이 진실로 내가 무엇을 좋아하고 싫어하는지 알고 있기 때문이다. 문제는 평소 내면 자아가 내는 소리를 무시하다 보니, 너무 깊이 숨어버려 나 자신도 찾을 수 없는 지경에 이르렀다는 거다.

나는 매일, 단 10분 만이라도 시간을 내서 내면 자아와 단둘이 대화를 했다. 초반에는 말을 걸어도 무응답이다. 매번 무시당한 탓에 내면 자아가 의기소침해져 있기 때문이다.

"지금까지 많이 괴롭혀서 미안해."
"많이 괴롭혔는데도 이렇게 잘 있어줘서 고마워."
"앞으로는 못해도 괜찮아."

이렇게 꾸준히 사과하며 대화를 시도해보니, 어느 순간 마음 속에서 울리는 작은 목소리를 들을 수 있었다. 내가 처음 들은 건 "……괜찮아."라는 용서의 말이었다.

계속되는 나의 사과를 받아준 내면 자아는, 이후 조금씩 말수를 늘려갔다. 오늘의 기분은 어땠는지, 평소 어떤 놀이가 재미있는지 같은 시시콜콜한 대화를 통해 나는 내 진짜 감정을 선명하게 알아 차릴 수 있었다.

고등학교 1학년 가을, 불현듯 떠오른 아프리카의 생명과 그들을 구하고 싶다는 간절한 열망은, 내면 자아와 나눴던 수천 번의 대화가 인도해준 진정한 속마음이 아닐까 한다. 그 진솔한 대화가 없었다면 어느 날 갑자기 아프리카의 생명이 섬광처럼 떠올랐다고 한들 여느 날처럼 스쳐지나갔을 것이다.

꿈을 찾는다는 것은 무언가 거창해 보이는 말과는 달리 별 게 아닐 수도 있다. 내가 가장 좋아하고 가슴 뛰는 행위가 무엇인지 확인하는 것이 전부다. 그러기 위해서는 나의 목소리에 솔직하게 귀를 기울일 것. 타인이 원하는 것을 마치 내가 원하는 것인 양 스스로를 속이지 않을 것. 내면 자아에게 진실된 관심과 사랑을 쏟고, 그와 대화하는 것을 절대로 포기하지 않을 것. 이것이 핵심이다.

가슴이 시키는 일, 내면에서 행복감이 샘솟는 일을 마침내 찾아

내면 그 벅참과 뿌듯함에 가슴이 쿵쿵 뛰기 시작한다. 그리고 어떻게 하면 그 행복한 꿈의 지점에 가 닿을지 골똘히 고민하게 된다.

'당신의 심장이 뛰는 소리를 들어본 적 있는가?'

이 질문에 당연히 들어봤다고 자신 있게 답하면 좋겠다. 꼭 그러기를 바란다.

Chapter 2

두 번째 단계 : 주체성

내 공부의 주인공은
바로 나

✦ 부모님, 선생님, 친구들이 흔들어도,
내 공부의 책임은 내게 있다.
인생에서 어떤 것을 받아들이고
어떤 것을 거절할지는 오로지 나의 선택이다.

내 삶의 운전대를
내 손으로 잡는다는 것

나를 믿는 법

고1 가을, 새로운 꿈을 찾고 제대로 공부를 해보자는 결심을 했을 즈음이었다. 운동을 하던 애가 갑자기 공부해서 의사가 되겠다고 하니 다들 어이가 없었나 보다. 주변 사람들은 내 새로운 꿈을 듣고 미심쩍어했다.

"그 학생 얘기 들었어요? 왜, 중학교 때 맨날 농구만 하던 애 있잖아요. 걔 이제 의사 되겠다면서 공부한대요."

"걔가? 의대를? 말도 안 되는 소리죠."

학부모 모임에서는 내가 얼마나 허황된 꿈을 꾸고 있는지 황당해하는 소리가 들렸다.

선생님들은 나를 안쓰럽게 바라보셨다. 한 선생님은 내게 이렇게 걱정 어린 조언을 해주기도 하셨다.

"규민아, 적당히 할 수 있을 만큼만 해. 운동하다가 공부하는 거 쉽지 않아. 원래 고등학교 과정은 진도 따라잡기 어려워."

친구들도 마찬가지였다.

"김규민, 오올, 공부를 다 하네? 맨날 운동장 뛰다가 할 만하냐?"

"야, 너 괜히 안 하던 거 하다가 탈나. 이제 와서 의대는 솔직히 오버니까 공대 쪽으로 목표 잡아."

놀리는 친구도 있었고, 진심으로 걱정해주는 친구도 있었다. 정말 모두가 하나같이 내 결심을 저지하려 애썼다. 그것이 놀림이든, 연민이든, 진심 어린 걱정이든, 내게는 다 똑같이 들렸다.

"넌 못 해. 그러니까 포기해."

흔들리지 않았다면 거짓말이다. 누가 한마디씩 할 때마다 기운이 빠졌다. 하지만 그럴수록 더 바짝 정신을 차리려 애썼다.

'내가 결정한 거야. 그 누구의 영향도 받지 않고 내가 결정한 꿈이잖아. 나만큼은 나를 믿자. 믿어주자.'

생각해보라. 남들이 내 꿈을 비웃는다고 갑자기 아프리카의 생명을 살리고야 말겠다는 꿈이 사라져버린다면 이 얼마나 이상한 일이란 말인가. 나는 주변에서 내 꿈을 비웃는 소리를 들을 때마다 콧방귀를 뀌는 것으로 일관했다. 그들이 비웃든 말든 아무런 상관이 없다고 생각했다. 중요한 것은 결국 내가 바라는 내 모습에 가까워지는 것이니까.

운전대 도둑과 운전대 기부자

여러 학생을 만나 곰곰이 지켜보면 공통점을 하나 발견할 수 있다. 공부의 주도권이 내가 아닌 다른 사람에게 있다는 것이다.

"아빠가 이 학과가 전망이 좋대서 여기로 정했어요."

"학원은 무조건 친구 소개로 옮겨요. 좋다는 곳으로 따라가면 저도 성적 오르겠죠."

"성적은 푼 문제집의 양과 비례하는 거 아니에요? 선생님이 그러던데요?"

물론 다른 사람의 조언에 귀를 기울이는 행동 자체는 바람직하다. 미처 알지 못했던 기회를 잡을 수 있기 때문이다. 하지만 아무리 훌륭한 사람이 말했더라도 조언은 조언일 뿐, 그것을 받아들일지 말지를 결정하는 건 나 자신이어야 한다.

여러분이 자동차를 운전하며 목적지를 향해 가고 있다고 가정

하자. 내비게이션은 끊임없이 길을 안내한다. 동승한 사람들마저 여기저기 참견하며 이 길이 낫네, 저 길이 낫네 조언한다. 그런데 누가 말할 때마다 "네 말이 맞는 것 같아." 하고 자꾸만 길을 바꾸면 어떻게 될까? 목적지에 빠르게 도착하기 어려울 것이고, 심지어 목적지가 아닌 곳으로 향하게 될지도 모른다.

우리는 모두 '나'라는 자동차를 운전하며 '삶'이라는 길을 달리는 모험가다. 주도권을 넘긴다는 것은 운전대를 다른 사람에게 쥐어주고 조수석도 아닌 뒷좌석에 가만히 팔짱 끼고 앉아 꾸벅꾸벅 조는 것과 다름없다. 나는 이렇게 운전대를 빼앗는 사람을 '운전대 도둑', 자기 운전대를 고스란히 반납한 사람을 '운전대 기부자'라고 한다.

친밀한 얼굴로 나타나는 운전대 도둑

우리는 남의 선택을 대신 해버리려 하는 운전대 도둑을 심심찮게 만나볼 수 있다. 그들은 보통 '부모', '교사', '친구'와 같은 모습으로 등장하는데, 학생이 스스로 운전대를 잡고 길을 나아가보려는 사실 자체를 못미더워 한다. 정도에 따라 다르지만, 심할 경우에는 운전대에 손도 못 대게 하거나, 아예 운전대를 빼앗고 대신 결정을 내려버리려 한다. 실제로 나는 이러한 운전대 도둑을 여럿 만났고 그들로 인해 힘들다며 하소연하는 학생도 여럿 보았다. 이를테면 이런 식이다.

조언을 넘어 어떤 책을 사서 특정 방식으로 공부하라며 일방적으로 지시하는 선생님이 있었다. 이 선생님은 자신이 지시한 책이 아닌 다른 책을 가지고 다른 방식으로 공부하면 화를 냈다. 의견도 묻지 않고 24시간어치의 계획을 분 단위로 다 짜서 "이대로 해!"라고 지시하시는 선생님 때문에 삶이 힘들다는 학생도 있었다. 숨이 막히도록 자식을 감시하는 부모도 있다. 한 학생은 몇 시에 자고 몇 시에 일어날지 스스로 결정하고 싶은데, 부모님께서 일방적으로 정한 다음, 밤 9시만 되면 온 집 안의 불을 꺼버린다고 괴로워했다. 이들이 바로 운전대 도둑의 전형적인 모습이다.

이런 사람에게 왜 그렇게 학생이 원하지도 않는 일을 강요하느냐고 물으면 이렇게 답한다.

"이게 다 얘가 잘되라고 하는 일이에요. 두고 보세요. 나중에 나한테 고맙다고 할 날이 올 테니."

이들은 학생이 자신의 소유물이라고 생각한다. 그리고 학생의 운전대를 대신 잡는 것이 오히려 그 아이들을 위한 것이라 착각한다. 어릴 때는 그저 공부하라는 잔소리 정도로 그치겠지만, 나이가 들면 직업, 연인, 교우관계까지 간섭하려 들 것이다. 한번 운전대를 넘기면 삶 전반에 걸친 결정권을 송두리째 빼앗기는 것이다.

"엄마가 알아서 다 해주면 좋겠어요.'

반대로 자신의 운전대를 함부로 남에게 넘기는 사람도 있다. 나는 이들을 '운전대 기부자'라 칭한다. "여기, 내 운전대 좀 가져가세요." 하며 갖다 바치고 있으니, 운전대 기부자가 참 적절한 호칭 아닌가.

"저는 그냥 엄마가 하라는 대로 하는 게 편해요. 유명 학원이 어딘지 수소문해준 엄마 덕분에 지금까지 상위권을 유지하고 있는 걸요."

최상위권 성적을 유지하던 한 학생은 일상이 '엄마바라기'였다. 등하교는 물론 학원 픽업까지 엄마가 다 알아서 해준다. 학원에 다니게 된 계기도 엄마였다고 한다. 성적표를 보고 영어와 수학 실력이 부족하다고 판단한 엄마가 일타 강사가 있는 학원 리스트를 뽑은 다음 학생에게 내민 것이다. 학생은 "엄마가 괜찮아 보이는 데로 해."라고 대답했고, 엄마는 바로 결정한 뒤 어디라고 말해주지도 않고 학원에 등록했다. 치열한 '일타 강사 인터넷 수강 신청'도 엄마가 해줬고, 함께 공부할 친구 그룹도 엄마가 짜주었다. 공부하는 것 그것만 빼고 엄마가 모든 걸 처리해주는 삶이다.

"드라마 〈스카이 캐슬〉 아시죠? 저도 그런 입시 코디네이터가 있으면 좋겠어요. 전 공부만 하고 엄마랑 입시 코디가 알아서 대학 잘 가게만 해주면 얼마나 좋을까요. 전 그냥 믿고 따라가는 게 편해요."

반대로 아예 무기력한 학생도 있었다.

"왜 다들 아등바등 사는 걸까요. 전 해파리처럼 떠돌고 싶은데요. 하고 싶은 것도 없고⋯⋯. 그냥 이렇게 대충 살다가 빨리 죽어버리고 싶어요."

이 학생은 공부도 싫고, 부모님도 싫고, 그리고 무엇보다 자기 자신이 싫다고 했다. 좋아하는 것도, 삶을 이어갈 의지도 없어서 그냥 되는 대로 살았다. 국가에서 의무로 교육을 시키니까 초중고는 졸업하지만 대학까지는 잘 모르겠단다. 별로 다니고 싶진 않지만 친구들이 다들 가니까 대충 가까운 대학을 노릴까 싶다고 했다.

둘 다 극단적인 예이지만 의외로 많은 학생이 이 극단적 두 예시 사이에서 위태롭게 버티고 있다. 수능만 보면 됐던 부모 세대보다 입시 전형이 까다로워져, 이제는 생활기록부 관리는 물론 대학별 특별 전형까지 속속들이 파악해야 한다. 학생 혼자 모든 것을 챙기기 어려워진 것이다. 그래서 자기 삶을 남에게 '외주'처럼 맡겨버리거나, 지레 질려 시작도 하기 전에 번아웃 증후군을 보인다.

우리나라는 대학 졸업장으로 인생이 결정된다고 믿는 사회다. 대학 이름 하나로 사회적 '등급'이 매겨지니 이름 있는 대학에 들어가는 것이 중요한 숙제다. 그렇게 과도한 중압감을 받다 보니 자꾸 내 인생을 누군가가 이끌어주고 책임져주기를 바라는 것이다. 하지만 인생은 스스로 생각해서 판단하고 행한 뒤 책임지는 것이다. 누구를 탓할 수도 없으니 기대는 건 위험하다.

부모님, 선생님, 친구 덕에 잘 지내온 듯 보여도 결국 언젠가는 자기를 직면해야 할 시기가 온다. '나는 이제 어떻게 살아야 하지?' 하고 방황하다가 30대나 40대에 갑자기 직업을 바꾸거나 대학에 다시 들어가는 건 그 때문이지 않을까.

공부는
원래 재미있는 것이다?

공부의 즐거움

　흔히 하는 말로 '천재는 노력하는 자를 이길 수 없고 노력하는 자는 즐기는 자를 이길 수 없다'고 한다. 공부도 재미를 느낄 수만 있다면 누가 시키지 않아도 스스로 할 것이다. 내게도 처음엔 힘들기만 했던 공부였지만 이유가 생기고 그 이유를 뛰어넘을 만큼 빠져들자 공부는 분명 재미있는 것이었다. 이 재미에 한번 눈을 뜨기만 하면 시키지 않아도 저절로 공부하게 된다.

　"형은 외계인같아요! 어떻게 공부를 즐긴 거예요?"

"어릴 때부터 공부를 즐기셨던 것 같은데, 어떻게 그게 가능했나요?"

초등학생 때, 그리고 고등학생이 되어 다시 공부를 시작했던 시기에, 나도 공부가 즐겁지 않았다. 공부보다 친구들과 수다를 떠는 게 재미있었고, 쉬는 시간에 복습을 하는 것보다는 매점에 가서 핫바를 사 먹는 게 더 재미있었다. 점심시간에 교실에 앉아 1교시부터 4교시까지의 수업 내용을 복습하는 것보다 밖에 나가 농구하는 게 더 재미있었고, 야자 시간에 앉아 공부하는 것보다 친구들과 코인 노래방에 가서 노래를 부르는 게 더 재미있었다.

사실 고등학교 1학년이 끝날 때까지도 이렇게 살았던 것 같다. 그때의 내게 공부는 단지 '의사가 되기 위한 도구' 정도였으니 말이다. 아니, 사실 애초에 공부 자체에 대해 그다지 깊게 고민해보지 않았다. 그러던 중 우연한 계기로 고등학교 1학년 겨울, 어떤 캠프에 참가하게 되었고 그 캠프가 나의 생각을 완전히 바꾸어놓았다.

어떤 캠프였는지 잘 기억은 나지 않지만 캠프 마지막 날, 한 교수님께서 하셨던 말씀은 아직도 생생하다.

"의식을 끈 채 여러분의 청춘을 낭비하지 마십시오. 늘 깨어 있는 의식을 가지고 살아가십시오."

사실 그 자리에 앉아 있는 학생들 중 대부분은 이 말에 별다른 감흥이 없었던 것 같다. 아마 대부분의 독자도 이 문장에 대해 별다른 감정을 느끼지 못할지도 모르겠다. 그렇지만 나는 이 한마디가 정말 크게 다가왔다. 머리를 한 대 얻어맞은 듯했다. '학습'에 대한 깊은 고민 없이 하루에 10시간이 넘도록 학습하는 데에 시간을 쏟고 있었으니 말이다. 나는 의식을 끈 채 책만 보고 있었던 것이다.

캠프에 다녀와서부터 학습에 대한 진지한 고민이 시작되었다. 고등학교 1학년에서 2학년으로 넘어가는 연말 즈음이었을 것이다. 대체 학습이란 무엇인가. 도대체 무엇인가. 깊고 깊은 고민에 빠졌다.

스스로를 돌아보면 돌이볼수록 학습에 대하여 내가 갖고 있던 색안경들이 많았다는 사실을 깨달았다. 이를테면 '공부는 힘든 거라서 인내심을 가지고 견뎌내야 하는 거야'라거나, '공부는 잘하기 위해서 하는 거야'라거나, '공부는 재미없어'와 같은 생각들이었다.

색안경을 낀 채 세상을 바라보면 당연히 그 본질을 보지 못한다. 학습의 본질이 무엇인지 너무나 알고 싶었던 나는 이 편견을 벗기 위해 부단히 노력했다.

색안경을 벗어던질 수 있는 가장 쉬운 방법은 반례를 경험해보는 것이다. 이를테면 '여성은 운전을 못 해!'라는 색안경을 가진 자가 있다면, '운전을 잘하는 여성'이라는 반례를 경험하는 것이 그 색안경을 벗어던지기 가장 쉬운 방법인 것처럼 말이다.

그래서 나는 아주 사소한 순간이라도 좋으니 공부가 재미있다고 느껴지는 바로 그 순간을 찾아내기 위해 나의 감정을 관찰했다. 그러자 신기하게도 공부가 재미있는 순간들이 존재했다. 크게 두 가지로 정리해볼 수 있을 것 같은데, 하나는 '새로운 지식을 접하는 순간'이었고 다른 하나는 '어떤 것에 대한 이해가 깊어지는 순간'이었다.

이를테면 빛은 입자성과 파동성을 동시에 갖고 있다, 지각은 여러 개의 판으로 이루어져 있고 맨틀의 대류로 인해 움직인다는 것처럼 새로운 지식을 접했던 순간에 나는 '나의 세상이 넓어진다'라는 느낌을 받았다. 또, '낮말은 새가 듣고 밤말은 쥐가 듣는다'라는 속담은 낮과 밤에 땅과 공기의 온도차 때문에 소리가 굴절하므로 일리가 있는 말이라는 것, 안경을 쓰면 빛의 굴절로 인해 망막에 빛이 모여 뚜렷하게 보인다는 것, '포물선'이라는 도형이 왜 '이차함수'로 표현되는지 이해했던 것처럼 어떤 것에 대한 이해가 깊어졌던 순간, '나의 세상이 깊어진다'는 생각에 정말 기분이 좋았다.

그래서 나는 이런 결론에 다다랐다. '학습이 즐거운 이유는 나의 세상이 넓어지고 깊어지기 때문'이라고. 그 이후부터는 어떤 것을 학습하든, 나의 세상이 변화하는 그 느낌에 최대한 집중했고 그런 순간들을 즐길 수 있었다.

후에 알게 된 것이지만 바로 이것이 공자가 그토록 말하던 '학이시습지學而時習之 불역열호不亦說乎', 즉 배우고 때때로 익히니 이 또한 즐겁지 아니한가?'와 일맥상통하는 생각이었다. 공자의 말에서 '배우고'란, 나의 표현으로 대체하자면 '세상이 넓어지고'라 할 수 있고, '때때로 익히니'란, '세상이 깊어지니'라 대체할 수 있다. 그러니 '배우고 때때로 익히니 이 또한 즐겁지 아니한가?'라는 말은 '세상이 넓어지고 때때로 깊어지니 이 또한 즐겁지 아니한가?'라는 말로 바꾸어 말할 수 있다. 바로 이것이 공부의 즐거움이었다.

내가 외계인이라서 공부의 즐거움을 느낀 것이 아니다. 우리 모두는 세상이 넓어지고 깊어지는 느낌을 즐길 수 있다. 아니, 사실 이미 즐거워하고 있을 것이다. 다만 여러 색안경으로 인해 그 즐거움을 보지 못하고 있을 뿐이다. 색안경을 벗어던지기만 한다면, 그 누가 되었든, 학습을 즐길 수 있을 것이다. 그러면 공부의 주인은 내가 될 수 있다.

순수한 눈을 되찾을 수 있는 마법의 단어, 호기심

학습에 대한 색안경을 어떻게 벗어던질 수 있을까? 사람마다 끼고 있는 색안경의 수와 종류가 전부 다르니 정답을 말할 수는 없겠으나, 이 단어가 큰 도움이 될 것이다. 바로 '호기심'이다.

우리는 모두 호기심을 갖고 있다. 그러니 어렸을 때 레고 블록을 입 안에 넣어보며 학습한 것 아니겠는가? 여러분은 분명 호기심 어린 눈으로 세상을 바라봤을 것이고, 이것저것 다양한 사고들도 많이 쳐봤을 것이다. 이를테면 부모님께서 잠시 자리를 비우신 사이 접시를 깼다거나, 가스레인지를 켜봤다거나, 아버지 지갑에 손을 대봤다거나 하는 식으로 말이다.

어린 시절, 나는 적잖은 사고뭉치였다. 부모님께서 밖에 나가신 사이, 누나와 같이 집에 있는 바비 인형을 갖고 놀던 중, 이 인형도 씻어야 하지 않을까 하는 생각에 인형 머리를 감기고 드라이기로 머리를 말리다가 홀라당 인형을 태워보기도 했고, 가습기에서 나오는 뜨거운 증기가 색연필을 녹일 수 있지 않을까 하는 호기심에 가습기 위에 색연필을 놔뒀다가 색연필에 구멍이 숭숭 뚫리기도 했다. 그뿐인가. 집 앞 놀이터에서 놀다가 흙을 얼마나 팔 수 있을까 하는 호기심에 온종일 흙을 파다가 경비 아저씨께 혼나기도 했고, 개미는 화나면 어떨까 하는 호기심에 개미를 괴롭히다가 손톱 아래를 물려 손톱을 완전히 뽑아 치료받아야 하는 지경에 이르기 도 했다.

이런 순수한 눈을 되찾자는 것이다. 우주에는 무엇이 있을까? 원자는 더 쪼갤 수 없을까? 왜 자식은 부모랑 비슷하게 생겼을까? 왜 직사각형의 넓이는 밑변과 높이의 곱으로 구할 수 있을까? 왜 함수라는 것을 배우는 걸까? 을지문덕 장군은 어떤 감정을 느끼고 있었을까? 윤동주는 왜 항상 반성하는 걸까? 이육사의 시에서 백 마 탄 초인은 무엇을 뜻하는 걸까?

이렇게 세상 모든 것에 호기심을 갖는 것. 학습하는 모든 것들 을 호기심 어린 순수한 눈으로 바라보는 것. '쓸모'를 따지지 않고 모든 것을 궁금해하고 갈구하는 것. 이 '호기심'이라는 세 글자가 여러분이 학습에 대해 갖고 있는 색안경을 벗어던지는 데에 큰 도 움을 줄 것이다.

학습의 즐거움은 나의 세상이 더 넓어지고 깊어지는 데에서 온 다. 이를 다른 말로 표현해보면 '앎과 삶이 하나 되는 순간'이라 말할 수 있다. 호기심이 발동되면 알고 싶다는 생각이 들면서 앎 과 삶이 하나로 합쳐질 것이다. 호기심은 앎을 삶 속에 녹일 수 있는 가장 근본적이고 쉬운 방법이다. 그러므로 모든 것에 궁금증을 가져보자. 그 소중한 호기심은 분명 여러분에게 즐거움을 안겨줄 것이다.

즐거우면 안 된다?

"즐거우면 안 된다는데요? 뭐가 맞는 말인가요?"

가끔 이렇게 질문하는 학생들이 있다. 유명인이 한 말이라면서, 어떤 것을 할 때 너무 힘들어서 죽고 싶어야 한다더라는 것이다.

이 유명인의 말과 내가 이야기하는 '즐겁다'는 감정의 근원에는 차이가 있다. 해당 유명인의 말에서의 '즐겁다'는 '신체의 편안함' 이다. 따라서 그 즐거움은 사실 '즐거움'이라는 단어로 표현할 것이 아니라 '나태함'이라는 단어가 적절할 것이다. 다시 말해 해당 유명인의 말은 '나태함에 취하면 안 된다'는 뜻이지, '그 행위를 하며 반드시 괴로워야 한다'는 것은 절대 아니다.

죽을 만큼 힘들어야 한다고 믿는 학생들이 참 많다. 혹시 당신도 그런 믿음을 갖고 있다면 제발 저 멀리 내다 버렸으면 한다. 죽을 만큼 힘들어야 하는 게 아니라, 너무 즐거우니까, 그러니까 잠깐의 쉬는 시간도 아까울 만큼 너무나 즐거우니까, 밤에 자는 시간이 너무나 아까울 만큼 진심으로 즐거우니까 열심히 하는 것이다.

　중학생 시절 내가 농구에 미쳐 있었을 때, 죽을 만큼 힘들어야 성공하기 때문에 열심히 농구했던 것이 아니다. 그냥 농구 자체가 너무 즐거우니까, 밥 먹는 시간도 아까울 만큼 즐겁고 잠자는 시간도 아까울 만큼 너무 재미있으니까 비가 오든 눈이 오든, 날이 춥든 덥든, 매일 농구에 매진했던 것이다. 새벽 4시 반부터 하루가 저물 때까지 공부한 이유도 공부의 기쁨이 있었기에 가능했다.

　'자기연민Self-pity'이라는 단어가 있다. 스스로를 연민 어린 시선으로 바라보며 불쌍해하는 것을 의미한다. 제발 그러지 말기를 바란다. '나는 이렇게나 조금 자면서 힘들게 공부해!', '나는 괴로운 공부를 이렇게나 잘 버텨내는 사람이야!'와 같은 것들을 증명하지 않아도 정말 괜찮다. 매일 밤늦게까지 공부한 후 새벽 두 시를 가리키는 시계를 보며 '음, 역시 나는 대한민국의 고3이야. 오늘 하루도 잘 버텼어.'라는 생각을 하지 않았으면 한다. 스스로를 불쌍히 여기며 그저 버티려고 하지 말고, 마음을 활짝 열고 학습을 있는 그대로 즐겨보려 했으면 좋겠다.

　스스로를 불쌍히 여기며 학습하는 시간을 그저 버티기에는 한

번뿐인 인생이 너무 아깝지 않은가. 이 글을 읽는 모든 이들의 학습하는 순간들이 행복으로 가득하기를 빈다.

공부 동기를
끌어올리는 법

동기 부여 응급 처치

"당장 공부에 흥미가 안 생기는데 어떡해요. 이런 거면 다 그만 두고 싶어요."

공부에 재미를 느끼지 못한다면 끝까지 계속하기 힘들다. 물론 이 친구들의 마음을 모르는 건 아니다. 공부에 진절머리가 났거나, 공부와 너무 멀리 떨어져 있던 학생들은 아무래도 단기간에 공부와 친해지기 어렵다. 열심히 하고는 싶은데 몸과 마음이 따라주지 않는다면 공부와 가까워질 계기, 즉 '공부 동기'가 필요하다.

발목 인대가 늘어난 사람이 달리기를 하려면 다친 부분부터 치료하는 게 근본적인 답일 것이다. 그런데 지금 당장 달려야 할 상황이라면? 잠깐 부목을 대고 붕대를 두르면 급하게나마 달릴 수 있다. 공부도 마찬가지다. 공부와 담 쌓던 사람이 '공부 모드'로 '스위치 온' 하기까지 공부를 놓아버리지 않도록, 잠깐 동안 버텨주는 특별한 방법이 있다. 바로 '동기 부여'다.

운전대를 내가 잡는다는 것, 즉 '주체성을 갖는다'는 말은 다시 말해 '스스로 행동할 수 있는 힘, 즉 동기를 갖는다'는 말이다. 일단 내 안의 동기를 이끌어내기만 하면 공부에 재미를 느끼지 못하더라도 동기 충족을 위해 열심히 달리게 된다.

그럼 어떻게 해야 할까? 사람은 기본적으로 세 가지 욕구를 가지고 있다. '자율성', '유능성', '관계성'. 이 세 가지 욕구를 공부와 잘 연결하면 공부에 의욕이 쑥쑥 붙는다.

자율성, '나'의 결정임을 확인할 것

'자율성'이란 스스로 결정하고자 하는 욕구다. 막 공부하려던 때 엄마가 "공부 좀 해!"라고 잔소리하는 바람에 공부고 뭐고 때려치우고 싶던 경험이 있을 것이다. 이때가 바로 자율성 욕구를 침해당한 순간이다.

자율성 욕구가 높은 학생은 이런 취급에 매우 민감하게 반응한다. 그래서 선생님이 자기만의 공부법을 따라 하도록 강요하거나 부모님이 간섭하면 받아들이지 못하고 화를 낸다. 이런 심리를 역이용하면 자율성을 충족시키면서 만족스럽게 공부할 수 있다.

가령 이런 식이다. 선생님의 지시가 떨어지면, 일단 멈춰서 '내가 결정할 수 있는 범위'가 어디까지인지를 가늠해본다. 그리고 재량껏 루틴에 맞추어 소화해낸다. 만약 선생님의 목적이 내 기준에 맞지 않는다면 과감히 어기고 '나만의 공부'를 하겠다고 마음먹자. 주체가 '나'로 바뀌면 화낼 일도 줄어들고, 공부에 집중할 수 있게 된다.

자율성이 아직은 약한 학생도 있다. 만약 지금까지 친구 말을 듣고 문제집을 샀거나, 부모님이 골라온 학원을 다녔다면, 이제 나를 기준으로 선택해보자. 이 문제집이 내 수준과 진정 맞는지, 이 학원의 교육법이 나에게 잘 맞는지 다시 생각해보는 거다. 오로지 나의 선택으로 무언가를 결정하면 이를 후회 없는 선택으로 만들기 위해 자연스럽게 공부에 몰두하게 된다.

유능성, 스몰스텝 이용하기

'유능성'은 유능하다고 느끼고 싶어 하는 욕구를 의미하며, 이

때 '유능하다고 느끼는 감정'을 '자기효능감'이라 한다. 유능성 욕구를 충족시키려면 자기효능감에 집중하는 게 포인트이다. 이 욕구를 공부와 연결시킨 대표적인 사례가 바로 스터디 플래너다. 사람들은 계획을 세우고 그것을 지키는 과정에서 자기효능감을 느낀다.

"저는 좋아서가 아니라 플래너에 체크하려고 공부하는 거 같아요. 할당량 하나하나를 지워나갈 때가 제일 행복하더라고요."

이렇게 자기효능감은 꽤나 효과적으로 학습 동기를 끌어올린다. 물론 플래너 꾸미기를 위한 공부를 해서는 안 된다. 그렇지만 공부 동기를 자극하는 응급 처치로 플래너 꾸미기를 활용해보는 건 나쁘지 않다. 그러니까 플래너 꾸미기를 곁들인 공부는 괜찮은 응급 처치라는 뜻이다.

사람들은 큰일에는 부담감을 느끼며 좌절한다. 하지만 아무리 큰일이라도 열 단계로 나누어 실천하면 누구든 해낼 수 있다. 큰 덩어리가 버겁다면 작은 덩어리로 만들어 만만하게 가지고 놀면 그만이다. 계획을 짤 때 단기적이고 이루기 쉬운 계획을 짠 후, 그 계획을 성공적으로 성취하는 경험을 해본다거나, 현재 자신이 갖고 있는 능력과 일주일 후의 능력의 비교를 통해 스스로가 유능하다는 느낌을 받아보는 것처럼 말이다. 작은 성취를 맛보고 기록하는 습관 자체가 당신의 자기효능감을 만족시켜줄 것이다.

관계성, 누군가의 자랑스러운 사람일 수 있도록

●

　세 번째 욕구인 '관계성'은 타인과 연결되어 있다는 느낌을 뜻한다. 더 적나라하게 말하자면 사랑받고 존경받을 가치가 있다는 것을 타인에게 확인받고자 하는 욕구다. 관계성 욕구를 충족하는 방법은 사실 부모님께서 가장 잘 아실 거다. 칭찬과 지지로 충족되는 이 욕구를 가장 먼저 가르쳐준 분들이니 말이다.

　어린 시절에는 신발만 잘 신어도 "우와, 정말 잘했어!"라는 칭찬을 듣는다. 부모님은 아이가 대견한 모습을 보일 때마다 애정을 담아 성장을 칭찬한다. 칭찬을 먹고 무럭무럭 자란 아이는 '나는 부모님에게 사랑받는 아이야'라는 단단한 믿음이 생긴다.

　이 욕구를 원동력 삼아 공부하고 싶다면, 부모님의 기뻐하는 얼굴, 자랑스러워하는 모습을 떠올리는 게 효과적이다. '성적이 오르면 부모님께서 무척 행복해하시며 자랑하실 거야.' 그런 모습을 상상하는 것만으로도 기운이 넘칠 것이다. 가장 사랑하는 사람의 자부심이 나라는 것은 꽤나 만족스러운 감정을 선사한다.

　부모님이 아니라 존경하는 은사님, 친한 친구, 혹은 좋아하는 연예인을 떠올려도 된다. 대상보다는 누군가에게 자랑스러운 사람으로 자리매김한다는 뿌듯함, 그 느낌으로 당신의 관계성 욕구는 충족될 수 있다.

진정한 의사는 응급 처치에만 매달리지 않는다

다시 말하지만 세 가지 욕구의 충족을 통해 주체성을 기르는 방법은 본질적인 해결책이 아니라 차선책에 불과하다. 본질적으로 공부 자체에 재미를 붙이되, 힘들 경우 차선책을 활용하는 식이어야 한다. 차선책에 의존해버리면 언젠가 역효과가 찾아오기 십상이다.

자율성에 지나치게 몰두하면 건설적인 타인의 조언까지 거부해버릴 수 있다. 자율성을 침해받지 않으려고 다른 사람에게 가시를 세우다가 스스로 고립되는 거다. 유능성은 필연적으로 타인과의 비교를 부른다. 자기효능감은 비교를 통해 얻는 감정이기 때문이다. 그러나 비교는 달콤한 독배와 같다. 잠깐은 황홀감을 주지만 그 다음에는 영원한 괴로움을 남긴다. 관계성의 역효과는 짧은 이야기를 통해 알아볼 수 있다.

한 할아버지가 아이들이 자꾸 찾아와 정원을 망가뜨린다며 친구에게 하소연했다. 그러자 친구는 아이들이 정원을 망가뜨릴 때마다 칭찬하며 쿠키를 주라고 조언했다. 얼마 뒤 화가 난 할아버지가 시키는 대로 했는데 아이들이 떠나질 않는다고 따지니, 친구가 씩 웃으며 이제부터는 칭찬도 하지 말고 쿠키도 주지 말라고 했다. 칭찬과 쿠키라는 보상이 없어지자 아이들은 다시는 정원을 찾아오지 않았다.

관계성 충족에 의존하는 것이 어떤 위험성을 갖는지 알겠는가? 칭찬을 듣기 위한 공부는 칭찬이 사라지는 순간 무의미해진다. 누군가의 자부심이 되고 싶은데 성적이 낮게 나오면 속상하고 무기력해질 뿐이다.

세 가지 욕구를 이용한 동기 부여는 공부의 촉매제에 불과하다. 공부의 즐거움을 느끼지 못하지만 당장 공부가 필요할 때 급히 사용하는 미봉책 말이다. 공부가 정말 재미있어지기를 바란다면 그래서 스스로 공부하고 싶다면 다음의 세 가지 사항을 가슴에 새겨 두길 바란다.

첫째, 현재 주체적이지 못한 스스로를 탓하며 괴롭히지 말 것.
둘째, 색안경을 훌훌 벗어던지고 마음을 활짝 열어 공부 자체에서 오는 즐거움을 느끼도록 최선을 다할 것.
셋째, 그래도 잘 안 될 때에는 낙담하지 말고 자율성, 유능성, 관계성 충족을 통한 응급 처치를 시도하되 그 역효과는 늘 유념할 것.

이것만 잘 지키면 잠깐의 '응급 처치'를 통해 공부를 훨씬 더 즐길 수 있을 것이다.

운전대를 놓으면
언젠가 반드시 휘청인다

마음만 먹으면 잘한다는 거짓말

여러 학생을 만나며 느낀 것이지만 주체적으로 공부하려 할 때 가장 큰 적은 다름 아닌 '두려움'이었다. 풀어 말하자면 '실패 가능성에 대한 두려움'을 말하는데 이것 때문에 스스로를 불구로 만드는 '자기불구화 전략'까지 사용한다.

나와 수업을 했던 한 학생이 있다. 그 친구와는 일 년 반 정도를 함께했는데, 첫 일 년 동안은 단 한 번도 숙제를 해온 적이 없었다. 그렇다고 혼자 다른 공부를 해온 것도 아니다. 늘 별다른 이유 없이 어떠한 공부도 하지 않았다. 그 친구가 입버릇처럼 하던 말이 있다.

"제가 지금까지 안 해서 그렇지, 하면 잘하는 거 아시죠?"

"저는 못 하는 게 아니라 안 하는 거예요."

이것이 전형적인 자기불구화 전략이다. 마음먹고 공부했다가 정말로 실패할지도 모른다는 두려움에 시작조차 하지 않는 것이다. '하지 못한 것'이 아니라 '하지 않은 것'일 뿐이라 변명하다 보면 증상이 심해져 스스로도 그리 믿는 단계에 이른다. '나는 못 하는 게 아니라 안 하는 것일 뿐!'이라며 말이다.

왜 자기불구화 전략을 이용하는 걸까? 이유는 두 가지이다. 첫째는 자신의 능력에 대한 믿음의 부족이고, 둘째는 잘해야만 한다는 압박감 때문이다.

버티는 것보다 중요한 건 '잘 넘어지는 법'

우선 첫 번째 이유부터 살펴보자. 만약 학생이 스스로의 능력에 대한 믿음이 있다면 자기불구화 전략을 사용할 필요가 없을 것이다. '나는 얼마든지 훌륭히 해낼 수 있다'는 믿음이 있다면 구태여 '나는 못 하는 게 아니라 안 하는 거야!'라며 시작조차 하지 않을 이유가 없다. 이에 대한 해결 방법은 간단하다. 스스로에 대한 절대적 믿음을 가지면 된다. 그리고 그 믿음의 근원은 스스로에 대한 절대적 사랑, 그게 다. 원래 자신감은 '근자감'이다. 이유가 없다.

이제 두 번째 이유인 '잘해야만 한다는 압박감'에 대해서 생각해보자. 공부를 하는 이유가 무엇인가? 잘하기 위해서? 혹시 지금껏 그렇게 생각했다면 제발 부탁하건대 그 생각을 깨고 나오길 바란다. 실패를 두려워하지 않기를 바란다. 제발, 마음껏, 수도 없이 실패하기를 바란다.

나의 가장 친한 친구이자 중학교 시절 나와 함께 농구 선수의 꿈을 꿨던 친구는 지금 학생들에게 농구를 가르치고 있다. 그 친구가 가장 중요하게 가르치는 것 중 하나가 바로 '잘 넘어지는 법'이라고 한다.

농구는 순간적인 폭발력과 찰나의 순발력으로 득점이 갈리는 스포츠다. 몸싸움이 상당히 격렬하게 일어나기 때문에 선수들이 넘어지는 장면이 자주 벌어진다. 그런데 이때 어떻게든 넘어지지 않으려고 애쓰다가는 큰 부상을 입을 수 있다. 그래서 친구는 넘어지지 말라고 가르치기보다 잘 넘어지는 방법을 가르친다고 한다.

이 친구에 따르면 농구에는 '위닝 마인드셋Winning mindset'이라는 것이 있다고 한다. 실패를 과정이라 인식하는 마음가짐이다. 농구를 하다 보면 시합에서 패했을 때 낙담하여 스스로를 탓하고 자괴감에 빠지는 팀이 있는가 하면, 패배 또한 성공을 향한 과정이라 생각하여 그것을 달갑게 받아들이고 그 원인을 면밀히 분석해 더 철저한 성공 전략을 짜는 팀도 있다고 한다. 물론 후자가 더 바람직하다는 말을 하고 싶었던 것이리라.

공부 또한 마찬가지라는 생각이 들었다. 실패에 어떤 가치를 부여할지는 각자의 의지와 자유에 달려 있다. 왜, 위대한 발명가인 토머스 에디슨이 한 '실패는 성공의 어머니다'라는 유명한 말도 있지 않은가. 실패는 하나의 과정일 뿐, 이에 구태여 부정적 가치를 부여할 이유는 그 어디에도 없다. 실패를 부정적으로만 생각하고 이를 피하려 안간힘 쓰지 않기를 바란다. 아니, 더 나아가 마음껏, 수도 없이 실패해보기를 바란다. 우리는 넘어지지 않는 법을 배우기보다 잘 넘어지는 법을 배워야 할 테니 말이다.

여기서 한 걸음만 더 가보자. 사실 나는 위닝 마인드셋이라는 말을 그리 좋아하지 않는다. 궁극적으로 '잘하기 위해서' 실수도 하고, '잘하기 위해서' 과정도 겪는 거라는 논리에서 벗어나지 못하기 때문이다. 그래서 나는 한 단계 더 나아가 '인조잉 마인드셋 Enjoying mindset'을 제시하고 싶다.

농구 황제라고 불리는 마이클 조던은 이런 말을 했다.

"Just play, have fun, enjoy the game."

진정으로 즐길 수 있다면, 그러니까 성공하든 실패하든 그 결과에 상관없이 행동 자체를 진정으로 즐길 줄 안다면 실패가 전혀 두렵지 않다. 정확하게는 실패했는지 성공했는지 관심조차 생기지 않는다. 그 행동을 하는 것만으로 너무 행복한데, 이겼는지 졌는지가 무슨 상관이란 말인가.

바로 이 마음가짐이 내가 제시하는 가장 궁극적인 마인드셋이다. 성공해야만 하고 잘해야만 한다는 무의식적인 압박을 집어던질 수 있는 가장 쉽고도 근본적인 방법이지 않은가. 위닝 마인드셋을 넘어서 인조잉 마인드셋을 가진다면 자기불구화 전략 따위는 눈에 들어오지도 않을 것이다. 공부 자체가 즐거운데 왜 굳이 실패가 두려워서 하지 않는 선택지를 택하겠는가.

서울대 의대를 자퇴하는 사람들

촉박한 시간에 쫓겨 시험에 꼭 출제된다는 부분을 중심으로 기계처럼 공부하고 공식을 달달 외우는 학생들에겐 공부의 주체성이라는 고민이 불필요한 잡생각이라 여겨질지 모르겠다. 하지만 나는 설사 수능 시험을 코앞에 둔 고등학교 3학년 수험생이라 해도, 혼자 고민하는 시간은 반드시 필요하다고 믿는다. 그렇지 않고 다른 사람들이 만들어놓은 컨베이어 벨트에 몸을 내맡기면 소위 명문대에 입학하더라도 언젠가는 '내가 왜 지금 이 길을 걷고 있지?' 하는 의구심이 생기게 마련이다.

　서울대학교 의과대학에 들어가기만 하면 인생이 활짝 필 거라 생각하는 사람이 많다. 설마 그 좋은 학교를 그만둘 사람은 없을 거라고들 여긴다. 나도 그렇게 생각했다. 그런데 입학해보니 모두가 선망하는 이 학교에도 자퇴자가 존재하는 게 아닌가. 의대는 그저 공부를 잘한다고 선택해서는 안 되는 곳이었다. 의사가 되고 싶다는 확고한 의지가 없으면 방대한 공부량을 따라갈 수조차 없다. 상상과 다른 모습에 확고한 의지 없이 성적에만 맞춰 입학한 학생은 거의 대부분 방황했고, 그중 몇은 결국 학교를 떠났다. 나 역시도 왜 의사를 하고 싶은지, 왜 이 학교여야만 하는지 답을 내리지 않고 기계적으로 공부하다 대충 점수 맞춰 입학했더라면 분명 방황했을 것이다.

　꿈을 향해 나아가는 여정에 타인이 끼어들 공간을 내줘서는 안 된다. 삶에서 운전대를 잡는다는 것은 무엇일까? '나의 의식'을 소중히 여기고 '나의 세상'을 사랑하며, 모든 선택들을 의식하고 내

리는 것. 그리고 이를 통해 손에 들린 물감과 붓으로 내 인생이라는 빈 도화지를 채워나가는 것. 어떤 그림을 어떤 색으로 얼마나 그릴지, 그 모든 선택을 오롯이 스스로, 뚜렷한 의식하에 결정하는 것. 이것이 바로 내 삶의 운전대를 잡는다는 의미다.

온전히 나만 들어올 수 있는 '나'라는 세상

초등학생 때 메타인지를 접한 후부터 나는 다른 세상을 간접적으로나마 엿볼 수 있는 '공감'을 참 좋아했다. 친구가 속상한 이야기를 털어놓으면 오감을 총동원해 간접적으로 친구의 상황을 겪으며 어떤 기분인지, 얼마나 속상했는지를 느껴보려 했다. 어머니께서 꽃을 보고 예쁘고 향긋하다고 좋아하시면, 그걸 아름답다고 여기는 어머니의 시각과 촉각, 후각은 어떤지 어머니의 입장이 되어보려 했다. 그 과정을 누구보다도 썩 잘해서 "넌 참 남의 마음을 잘 헤아리는구나."라는 말을 종종 들었다.

그런데 공감하면 할수록 점점 뚜렷해지는 생각이 있었다. 그 공감은 결코 내 세계를 벗어나지 못했다. 누군가의 삶에 완벽하게 젖어들어 공감하고 싶었지만, 어떻게 해도 그건 불가능했다. 애초에 모순인 이 상황 속에서 깨달음을 얻은 건 머리가 굵어진 중학생

즈음이었다.

"나는 태어나서 죽을 때까지 단 하나의 세상에서만 살 수 있어.
그리고 이 세상은 온전히 나만이 완벽히 들어올 수 있는 곳이야."

막연하던 감정이 하나의 문장으로 정리되자, 오롯한 나만의 세
상이 정말 귀하고 소중하게 느껴졌다. 지구상에 존재하는 70억 인
구 중 오직 나만이 완벽히 알 수 있는 세상. 수학으로 따지자면 오
로지 '하나' 대 '하나'로만 만나 이루어지는 '일대일대응' 관계. 내가
태어나 생겨났고, 내가 죽으면 그대로 없어져버리는 세상.

내 세상은 46억 년 지구의 역사 속에서 오직 나만이 가진 것이
고, 내가 없어지면 영원히 사라져버리는 단 하나의 유일한 세상이
었다. 이렇게 소중한 세상이 멋대로 흘러가게끔 내버려두고 싶지
않았다. 그때 결심했다. 나만의 세계가 다른 누군가가 원하는 대로
흘러가버리지 않도록 하겠다고.

그날 이후, 나는 삶을 다르게 대하게 됐다. 남의 의견이 더는 중
요치 않았다. 나의 모든 관심은 '내가 가진 꿈을 내가 원하는 대로
실현하기'로 향했다. 굳게 먹은 마음은 작심삼일이 아닌 일주일,
몇 달이 지나도, 아니 지금까지도 그대로이다.

내 인생의 주인은 나다. '깨어 있는 의식'이라는 '빛나는 지느러미'로 각자의 드넓은 바다를 힘차게 헤엄쳐나가기를 바란다.

Chapter 3

세 번째 단계 :
간절함✦

내 인생의
마지막 하루인 것처럼

✦ 공격하다 죽을 것 같아?
  사람은 그렇게 쉽게 죽지 않는다.
  기적은 간절함으로 내디딘
  마지막 한 걸음에서 시작된다

나 '따위'에게도
'가능성'이 움틀 수 있다

"제가 정말 할 수 있을까요?"

나는 SNS나 멘토링을 통해 학생들에게 정말 많은 질문을 받는데, 그중 가장 많이 받는 질문을 꼽으라면 바로 가능성에 대한 것이다.

"제 현재 성적은 내신 평균 몇 등급인데, 지금부터 2년 동안 열심히 하면 현실적으로 K대학 T학과에 갈 수 있을까요? 힘들까요?"

심지어 초등학생도 벌써 이런 질문을 한다.

"저는 R지역에 사는 초등학생인데요, 제가 지금부터 열심히 하면 P대학에 갈 수 있을까요? 현실적으로 힘들겠죠?"

이런 질문을 받을 때마다 생각이 많아진다. 질문의 내용에 답을 해주는 게 맞을까, 질문 자체가 틀렸음을 이야기해주는 것이 맞을 까 하는 고민이다.

내가 만났던 학생들을 살펴보니 여기에는 두 가지 심리가 있는 듯하다. 하나는 죄책감을 덜어내 마음 편하게 포기하고 싶어서, 나 머지 하나는 할 수 있다는 말을 듣고 힘을 얻기 위해서다.

첫 번째 심리는 이렇다. 몇 년 전, 공부와는 거리가 먼 고2 학생 을 만났다. 어느 날 경찰이 되고 싶다는 꿈이 찾아왔지만 그 사실 을 친구들에게 말하거나 선생님께 말씀드리면 다들 비웃을 것 같 다는 생각이 들었다. 그러다 용기 내서 주변 사람들에게 자신의 꿈 에 대해 조심스레 이야기해보았다고 한다. 예상했던 대로, 같이 놀 러 다니던 친구들은 다들 "야, 네가 경찰을 한다고? 말도 안 되는 소리 하지 마~!"라는 식의 반응을 보였고, 선생님께서도 눈을 동 그랗게 뜨시며 조심스럽게 "얘, 농담하지 말고. 정말 경찰이 되고 싶니? 어렵지 않을까?"라고 말씀하셨다고 한다.

이런 말을 듣다 보니 그 학생은 스스로에게 확신을 갖지 못했 고, 확신의 무너짐은 결국 불신으로 이어져 '아, 나는 도전해봤자 실패할 거야'라는 생각에 이르게 되었다고 한다. 그래서 속으로 '어차피 실패할 거, 괜히 도전했다가 망신만 당하느니 그냥 가만히 있어야겠다'라는 결론에 도달했다고 했다.

그렇지만 마음의 소리를 무시한다는 데에서 오는 마음 한 켠의 죄책감, 그리고 약간의 미련이 남아 있어서 찝찝한 마음에서 자유로워지고자 나를 찾아왔던 것이다. 그러니까 내게 듣고 싶던 대답이 이미 있었던 것이다.

"너는 어차피 해도 안 될 거야. 불가능해."

무슨 심리였는지 알겠는가? 죄책감을 가지지 않고 마음 편하게 포기하기 위해서 내게 '가능성'을 물은 것이다.

이런 질문은 분명 '나쁜 질문'이다. 아무것도 해보지 않은 상황에서 노력하기를 포기해놓고, 거기에서 오는 죄책감까지 덜고자 질문을 던진 것이기 때문이다.

근자감? 자신감에는 원래 근거가 없다

그럼 이제 내게 가능성을 묻는 두 번째 심리인 '할 수 있다는 말을 듣고 힘을 얻기 위해서'에 대해서도 생각해보자. 이 심리의 밑바탕에는 '불안함'이라는 감정이 깔려 있다. 꿈이 있고 도전을 해보고는 싶은데, 스스로에 대한 확신이 부족해 불안한 감정이 스멀스멀 들고, 그 불안감을 잠재우기 위해 내게 가능성을 확인받고 싶어 하는 것이다.

이 상황을 해결하기 위해 그 학생이 기대하는 대답인 "너는 가능성이 충분해. 할 수 있어."라는 말을 해주어 불안함을 잠재워주면 되지 않냐는 생각이 들 수 있다. 그러나 이 방법은 근본적인 문제 해결까지는 하지 못한다.

이 상황에서의 근본적인 문제는 '내가 가능성이 있는가, 없는가?'가 아니라 '내가 나 자신에 대한 온전한 확신이 부족하여 불안한 감정이 든다'는 것이다. 그런데 내가 "너는 가능성이 충분해. 할 수 있어"라고 말해 불안한 감정을 잠재워준다면 여전히 학생은 스스로 확신하는 법을 알지 못하고, 다음에 비슷한 상황이 있을 때에도 그 답을 타인으로부터 찾게 될 것이다. 그런데 생각해보라. '나자신'에 대한 믿음의 근거를 '타인'에게 찾는다니, 이 얼마나 모순적이란 말인가? 따라서 이 질문 또한 잘못된 질문이다.

그렇다면 문제 해결은 어떻게 할 수 있을까? 방법은 간단하다. 사실 이 두 경우 모두 스스로에 대한 확신의 부족으로 인해 생겨나는 심리이므로, 스스로에 대한 온전한 확신과 믿음을 가지면 된다.

흔히 자신을 믿기 위해 '근거'를 찾곤 한다. 과거에 성공했던 경험을 찾기도 하고 주변에 성공한 사례를 찾기도 하며 가족 중에서 비슷한 가능성을 확인하려 들기도 한다. 그런데 자신감에는 원래 근거가 없다. 과거에 성공했다고 이번에도 성공할 것이라는 필연적 관계가 반드시 있는 것도, 주변인이 그랬다고 나도 성공할 것이라는 결론에 도달하는 것도 아니지 않은가. 자신감은 원래 근거가 없는 '근자감'이다. 그러니 꼭 스스로를 믿어라. 확고한 믿음부터 있어야 간절해질 수 있는 법이니.

나의 가능성

내가 중학교 시절 내내 농구만 하다 고등학교 1학년이 되어 갑자기 아프리카의 사람들을 살리고 싶다는 간절한 꿈이 생겼을 때 주변 시선이 어땠을 것 같은가? 용기를 주기보다는 당황스러워했다.

고등학교 3학년 초가을 즈음 수시 대학 원서를 쓰는 시기가 되어 '서울대학교 의과대학'에 수시 원서를 쓰겠다고 하자 교장 선생님과 교감 선생님께서는 나를 뜯어말리셨다. 그 분들께서 만류하시는 이유는 간단했다. 지금까지 안양시에서, 내가 다니는 고교에서 아무도 가지 못했으니까. 그렇지만 그 사람들이 가지 못했다고 어떻게 함부로 나의 가능성을 무시해버리는지 이해가 도저히 안되었다. 그게 근거가 될 수 있는지조차 의문이었다. 수학으로 따지자면 마치 '독립시행^{앞의 시행에서 사건이 발생했는지 여부가 다음 시행의 사건 발생에} 영향을 전혀 미치지 않는 것'과 같은 것인데, 어떻게 감히 나의 가능성을 짓밟으려 하는지 이해할 수 없었다.

나는 섣불리 가능성을 묻는 질문에서 여러분이 자유로워졌으면 한다. 주변에서 아무리 가능성을 근거로 이리저리 흔들어도 '헹~' 하고 콧방귀를 뀔 수 있으면 한다. 타인의 말로 인해 꿈을 향해 불타오르는 열정이 사그라들지 않았으면 한다. 현재 상태가 어떻고 현재 나이가 어떻든, 그 어떤 상황이 되었든 다 상관없고, 가슴이 뜨겁게 불타오르는 꿈이 있다면 '가능성 따위'를 재고 따지지 말고 그냥 그 꿈을 좇는 것이다.

간절함을 향해 나아가는 데에 스스로에 대한 불신의 씨앗만큼 치명적인 녀석이 없다. '어차피 해도 안되지 않을까', 혹은 '죽어라 한다고 해서 과연 될까'와 같은 생각에서 놓여나 스스로를 굳게 믿는 것이 꿈을 향해 나아가는 첫번째 단계다. 세계적인 팝스타 마이클 잭슨은 이렇게 말했다.

"온 세상이 너를 싫어하고 괴롭히고 성공하지 못할 거라 말해도 넌 할 수 있다고 믿어야만 해. 무슨 일이 있더라도 말이야. 가장 위대한 일들을 한 사람들도 그런 대우를 받곤 했어. 그들은 결국 못 해낼 거라 말했지. 걔넨 라이트 형제를 비웃었고 토머스 에디슨을 비웃었고 월트 디즈니도 비웃음 당했어. 헨리 포드는 무식하다고 놀리기까지 했지. 대학교 졸업장이 없다는 이유만으로 말야. 학교를 자퇴했거든. 디즈니도 자퇴를 했고. 심지어 포드를 법정에 불러서 지적 능력을 검증하려고 했어. 그딴 짓까지 했었다니까. 하지만 그들이 바로 우리의 문화를 이끈 사람들이지."

죽었다 깨어나도
그때만큼 열심일 수 없도록

최선이란 말의 무게감

'최선을 다한다.'

이 말을 들으면 어떤 표정을 짓게 되는가? 뻔하고 식상하다는 사람이 대부분일 것이다. 하지만 나는 이 말을 들으면 가슴이 두근거리고 눈물이 난다. 의아한가? 장담컨대 만약 이 말을 온전히 여러분의 것으로 만든 적이 있다면, 그러니까 정말 어떤 것에 최선을 다한 적이 있다면 여러분도 나와 별반 다르지 않을 거다.

한없이 무거운 말을 너무 가볍게 다루는 분들이 종종 있다. 대표적인 것이 바로 '최선을 다한다'는 말이다. 이 문장의 의미를 곱씹어보며 깊게 생각하기보다는 습관처럼 "아, 난 최선을 다했어. 더는 못 해. 포기!"라는 말을 뱉곤 한다. 그런 사람들에게 다시 한 번 묻고 싶다.

"정말 최선을 다했습니까?"

사람마다 각자 처한 입장이 다르니 어디까지가 최선이라 딱 잘라 말할 수는 없다. 하지만 내게 최선이란 매번 어제의 나를 넘어서는 것이었다.

한계가 왔을 때도 포기하지 않는 간절함

농구에 미쳐 있던 중학교 시절에는 단 1분, 아니, 단 10초도 쉬지 않고 말 그대로 '죽어라' 농구했다. 그 시절 내 머릿속은 온통 농구, 농구, 농구였다.

내가 얼마나 농구에 미쳤는지를 단적으로 보여주는 예가 있다. 나는 중학교 2학년부터 중학교 3학년이 끝나는 시점까지, 한시도 빠짐없이 발뒤꿈치를 들고 걸었다. 점프력을 기르기 위해서였다. 대한민국 남자 평균에 비하면 작은 키는 아니지만 농구 선수가 되기에는 상대적으로 작은 키였기에 점프력은 상당히 중요했다. 그 중에서도 장딴지근은 점프에 큰 역할을 맡는데, 중학교 2학년 때 발뒤꿈치를 들고 걸으면 장딴지 근력이 향상된다는 이야기를 듣고는 그날부터 2년간 발뒤꿈치를 들고 걸어 다녔다.

"에이, 사람이 어떻게 한순간도 빠지지 않고 발뒤꿈치를 들고 다닐 수 있어. 완전 뻥 같은데?"

나도 어디서 들은 얘기라면 거짓말은 아닌지 의심했을 것이다. 하지만 내가 직접 했으니 자신 있게 말할 수 있다. 정말 빠짐없이 발뒤꿈치를 들었다. 학교에서뿐만 아니라 거리를 걸을 때도, 가족끼리 외식을 하러 갈 때도, 노래방에 갈 때도, 심지어 봉사활동으로 '대모산 쓰레기 줍기'를 하러 산을 오를 때도, 내 발뒤꿈치는 단 한순간도 땅에 닿지 않았다. 종아리 근육이 뒤틀리고 쥐가 나기도 했다. 특히 산을 탈 때가 가장 큰 위기였다. 올라갈 때도 힘들었지만 내려올 때는 정말 무릎이 아프고 다리가 후들후들 떨리면서 식은땀까지 나서 다 포기하고 싶었다. 하지만 끝까지 포기하지 않았다. 울면서 집으로 돌아가면서도 내 발뒤꿈치는 들려 있었다. "니가 무슨 모델이냐? 패션모델도 그렇게는 안 걷겠다."라며 비웃는 친구들도 있었다. 하지만 나와의 약속이었고, 내 미래를 위한 트레이닝이니 그만둘 수 없었다. 무언가를 간절하게 소망하는 사람에게는 중간에 포기한다는 선택지가 없다. 그저 독한 마음을 먹고 이겨낼 뿐이다.

발뒤꿈치 들고 걷기는 시작일 뿐이었다. 농구를 잘하기 위해서
는 시야각이 중요하다. 나는 넓은 시야를 갖기 위해 횡단보도를 걸
을 때 눈동자를 신호등에 두지 않은 채 신호등 색의 변화를 인지
하고 길을 건넜다. 수업 시간에 다른 곳을 바라보며 칠판에 어떤
글씨가 적히는지 알아맞히는 연습도 2년간 끝없이 했다. 그뿐이겠
는가. 헬스장에 가면 매번 근육이 찢어지는 고통이 느껴질 때까지
무게를 얹었고, 그 결과 중학교 2학년의 나이에 250kg의 무게로
레그프레스를 너끈히 할 수 있게 되기도 했다.

간절하게, 정말 간절하게 공부했던 시절

이런 내 노력은 공부에서도 마찬가지였다. 고등학교 1학년 가
을, 공부를 잘 하고 싶었지만 올바른 방법을 몰랐던 나는 이런저런
방법들을 실천해보았다. 그런데 본격적인 공부를 시작하기도 전
에 우선은 자리에 앉아 50분 수업을 견디는 게 문제였다. 매일같
이 조금이라도 더 움직이려던 몸을 차분히 가라앉히는 게 쉽지 않
았다. 자꾸만 고개가 떨어지고 어깨가 앞으로 말리면서 몸이 흐트
러졌다. 그래서 '일주일 간 허리 굽히지 않기'부터 도전했다. 결심

한 지 10분이 채 지나지 않아 허리는 아파왔다. 한 시간이 지나자 허리가 끊어질 것만 같았고 반나절이 지나자 불타는 것만 같았다. 내가 농구를 하며 깨달은 것이 하나 있다. '사람은 그렇게 쉽게 죽지 않는다'라는 사실이다. 그 사실을 되뇌며 앉아 있을 때는 물론, 걸을 때도, 잠을 잘 때도 최대한 안간힘을 썼다. 혹시 지금 '에이, 허리 안 굽히는 게 뭐 어렵나?'하는 생각이 든다면 더도 말고 덜도 말고 딱 한 시간 동안만 허리를 굽히지 말아보라. 그럼 내 이 이야기가 조금 다르게 보일 것이라 장담한다.

자세는 기본이고, 이제는 실전이었다. 일단 선생님 말씀에 최대한 귀기울이려 노력했고 무작정 외우기라도 해보자는 생각에 교과서를 베껴 적기 시작했다. 빈 노트를 여러 권 장만해서 똑같은 내용을 몇 번이고 옮겨 썼고 수업 중 선생님이 농담으로 하시는 말씀도 적었다. 이렇게 비효율적으로 무식하게 공부하니 당연히 시간이 부족했다. 밤잠을 줄이고 공부를 하다보니 잠을 쫓는 게 일이었다. 한밤중에도 몇 잔씩 커피를 마시다 그래도 잠이 깨지 않을 때는 물 없이 커피 알갱이를 와그작와그작 씹어 먹었다. 입에서 쓴물이 올라왔지만 너무 졸린 상태라 맛도 잘 느껴지지 않았다. 그렇게 커피를 씹다 보면 어느 순간 정신이 '쨍' 하니 돌아왔다. 커피 알갱이를 씹어도 졸리던 날에는 책상에 칼을 꽂아놓고 '졸면 죽는 거다!'라는 생각을 하며 버티기도 했다.

돌이켜 보면 당시 나는 정말 무모했다. 커피 알갱이를 씹어 먹다니! 생각만 해도 부끄러운 지경이지만 그만큼 나의 마음은 간절했고 뭐든 해보려 몸부림쳤다 노파심에 밝히지만 여러분은 절대 따라하지 말기 바란다. 공부를 대하는 올바른 방법은 다른 것에 있음을 뒤에서 더 얘기해 보겠다.

최선을 다한다는 건 육체적, 정신적으로 그 이상 견뎌내지 못할 정도로 스스로를 몰아가며 몰입한다는 뜻이다. 그런 경험을 한 번이라도 한 사람은 다시는 이전으로 돌아가지 못한다. 본인이 모든 것을 다했을 때 어디까지 할 수 있는지 알기 때문에 감히 '최선'이라는 말도 함부로 내뱉지 못한다. '최선'은 더는 못하겠다고 주저앉고 싶을 때 가까스로 버티며 한 걸음 더 나아가는 것이다. 기적은 간절함으로 내디딘 마지막 한 걸음에서 시작된다.

가능성은 간절함을 먹고 자란다

핀란드에는 '시수Sisu'라는 단어가 있다. 한국어로 번역하자면 다양한 단어로 표현할 수 있는데, '지구력', '완고함', '의지력', '불굴의 정신', '역경이나 신체 장벽에도 불구하고 특정한 목표를 추구하는 용기', '자부심', '결단'과 같은 단어들이다. 즉 자신의 능력이 한계에 달했다고 느낀 뒤에도 계속 시도하는 정신력을 뜻한다. 더 이상 계속할 수 없다고 느낄 때가 비로소 시작 지점이라는 사실을 알고 한걸음 더 내딛는 힘 말이다.

간절하다는 것은 그런 것이다. 그 어떠한 장벽에도 불구하고 마지막의 마지막 순간까지 최선을 다하는 것. '최선을 다한다'라는 상투적인 말에 한없이 깊은 무게와 영혼을 부여하는 것, 하늘을 우러러 한 점 부끄럼 없이 나의 모든 것을 쏟는 것이다.

여전히 '최선을 다한다'는 말을 어떻게 하면 보다 강렬하고 효과적으로 전달할 수 있을까 고민하던 끝에, 친구에게 쓴 편지를 공개할까 한다. 중학교 시절 나와 함께 해 농구에 모든 것을 쏟아부었던 친구가 새로운 꿈을 향해 도전할지 말지 머뭇거리던 때에 썼던 편지의 일부다.부상 때문에 농구 선수라는 꿈이 좌절된 친구는 이후 물리치료사라는 새로운 길을 찾아 대학을 자퇴하고 1년의 재수 기간을 거쳐 1등급을 받고 원하는 학과에 진학했다.

친구야, 옛날 생각에 사무쳐서 그냥 끼적여본다. 오글거릴 수도 있지만 뭐 알잖냐, 나 글솜씨 없는 거. 맥락도 없고 요지도 없는데 그냥 힘들 때 꺼내 읽어보라고.

7년 전 이맘때쯤 기억 나냐. 우리 셋이서 마음 편하게 미친 듯이 농구하던 그때가 나는 그렇게 그립더라. 언젠가 셋이 다시 모여서 그때처럼 뙤약볕 아래서 선크림도 바르지 않고 흠뻑 땀 흘려가며 농구할 날이 올까. 돌이켜보면 그 시절 우리 셋 다 눈부시게 반짝였지 싶다.

무언가에 미쳐서 모든 것을 바친다는 게, 최선을 다한다는 껍질뿐인 말에 영혼을 채운다는 게, 몸이 산산조각 나더라도 해내고야 만다는 게 뭔지 온몸으로 배우고 처음으로 깨달았던 시절, 너희 둘과 함께여서 난 너무 행복했다.

네가 새로운 꿈이 생겼다고 했을 때, 그렇지만 불확실함에 다시 뛰어가기를 머뭇거리고 있을 때, 오랜 친구로서 나는 네게 용기를 심어주고 싶었다. 우리 셋 모두 수없이 다쳐봤고, 꿈이 꺾여봤고, 그게 얼마나 아픈지 알기에 네게 다시 한 번 더 뛰어보자고 말하는 게 맞나 망설여질 때도 분명 있었다.

그래도 내가 아는 너라면, 그러니까 더우나 추우나, 비가 오나 눈이 오나, 살이 까지든 인대가 늘어나든, 손톱이 깨지든 이가 부러지든, 미친 듯이 같이 부대끼면서 뛰었던 너라면, 내가 말리더라도 언젠가 빙 돌아서라도 다시 출발선으로 돌아올 걸 알았기에 네게 용기를 심어준 걸 후회하진 않는다.

한 번 달려봐서 알잖냐. 게임이 잘 풀리지 않을 때도 있고 어떤 날은 백 번 슛을 쏴도 백 번 다 안 들어가는 날도 있지 않았었냐. 간단한 크로스오버 따위를 하다가도 빠져버릴 때도 있고 기가 막히게 뚫었어도 마지막에 조금의 힘 조절 때문에 레이업을 놓칠 때도 있는 거잖냐.

앞으로 160일이라 했었나. 마저 달려나갈 이 160일의 기간 동안 힘든 날에도 딛고 일어나 씩 웃으면서 다시 달려나갈 수 있는 힘을 갖기를 빌어주고 싶다.

남은 기간 중 최악의 날이 설사 마지막 결전의 날이라 할지라도 네가 멋있게 딛고 일어나기를 7년 전 같이 농구하던 그 마음 그대로 진심으로 응원한다.

-나의 소중한 친구에게

아모르 파티,
메멘토 모리

언젠가는 끝날 삶을 위하여

"그냥 편하게 공부하면 안 돼요? 애초에 왜 간절해야 하나요?"

정말로 훌륭한 질문이다. 왜 간절해야 하는가? 당연히 정해진 답은 없다. 사람마다 간절함의 이유가 제각기 다를테니 말이다. 누군가는 생계가 걸려 있어서일 것이고, 또 누군가는 사랑하는 사람을 지키기 위해서, 혹은 타인의 기대에 부응하기 위해서 간절할 것이다. 그렇지만 내가 생각하는 '간절해야 하는 이유'는 조금 다르다.

아모르 파티Amor Fati.

혹시 이 말을 들어보았는가? 유명한 트로트 노래로 알고 있는 사람들이 많을 것이다. 이 말은 '운명을 사랑하라'는 뜻이다. 그리고 이 말과 늘 함께 나오는 말이 있다.

메멘토 모리 Memento Mori.

'죽음을 기억하라'는 말이다. '운명'을 사랑하며 동시에 그 운명이 언젠가 끝난다는 '죽음'을 기억하라니, 이 얼마나 모순되는 말인지. 그러나 이 두 문장은 늘 붙어 다닌다. '아모르 파티, 메멘토 모리' 이렇게 말이다. 운명을 사랑하라는 말과 죽음을 기억하라는 말은 겉으로 보기에 상반된 것 같지만 사실 같은 방향을 바라보는 문장이다.

사람들은 죽음에 대해 부정적으로 생각한다. 아니, 애초에 죽음에 관해 깊게 생각조차 하지 않는 사람이 많다. 그러나 좋든 싫든 죽음은 언젠가 필연적으로 찾아오기 마련이다. 그리고 아이러니하게도 언젠가 끝나기 때문에 삶은 소중하다.

저명한 소설가 프란츠 카프카는 이런 문장을 남겼다.

"삶이 소중한 이유는 언젠가 끝나기 때문이다."

죽음에 관한 내 생각의 종착점 또한 이 문장과 정확하게 일치한다.

매 순간이 마지막인 것처럼

아직은 이 말이 잘 와닿지 않을 수 있다. 그저 껍질만 번지레한 문장으로만 느껴질 수도 있겠다. 하지만 도스토옙스키의 일화를 들으면 생각이 조금 달라질 것이다. '생生의 마지막 5분'이라는 제목의 글로 많이 알려져 있는 이야기이다.

호기심에 공산주의 독서회 서클을 찾아간 도스토예프스키는 반체제 혐의로 28세의 나이로 사형을 선고받았다. 그리고 1849년 12월, 러시아의 사형집행소 세묘노프스키 광장에 선 도스토예프스키에게는 사형 집행 전, 삶의 마지막 5분의 시간이 주어졌다.

'내 인생이 이제 5분 뒤면 끝이라니……'

도스토예프스키는 먼저 이렇게 기도했다.

"사랑하는 나의 가족과 친구들. 먼저 떠나는 나를 용서하고 나 때문에 너무 많은 눈물을 흘리지 마십시오. 그리고 너무 슬퍼하지도 마십시오."

잠시 후 집행관은 사형 집행 2분 전임을 알렸고 도스토예프스키는 이렇게 생각했다.

'후회할 시간도 부족하구나. 난 왜 그리 헛된 시간 속에서 살았을까. 찰나의 시간이라도 더 주어졌으면……?'

그리고 잠시 후 마침내 집행관은 사형 집행 전 마지막 1분을 알렸다. 도스토예프스키는 이렇게 생각했다.

'매서운 칼바람도 이제 느낄 수 없겠구나. 맨발로 전해지는 땅의 냉기도 못 느낄 테고. 볼 수도, 만질 수도 없을 거야. 모든 것이 아쉽고 아쉽구나!'

죽음을 코앞에 직면해서야 비로소 삶의 소중함을 깨달은 것이다.

마지막 순간이 찾아왔고 그는 사형대 앞에 섰다.

"자, 이제 집행을 시작하겠소."

이내 그의 눈이 기러지자 귀가 더욱 예민해졌다.

'살고 싶다. 살고 싶다. 조금만 더. 조금만 더. 조금이라도……?'

소총에 '철컥' 하고 탄환을 장전하는 소리가 생생하게 들렸다.

이제 끝이라고 생각하는 순간 러시아 황제의 칙사가 "형 집행을 멈추시오!"라는 다급한 전갈을 가지고 왔다. 사형이 아닌 시베리아 유배로 형을 감면해주겠다는 것이었다.

그날 밤 도스토예프스키는 동생에게 편지를 보냈다.

"지난 일을 돌이켜보고 실수와 게으름으로 허송세월을 보냈던 날들을 생각하니 심장이 피를 흘리는 듯하다."

이후 도스토예프스키는 러시아의 대문호가 되었고 이런 말을 세상에 남긴다.

"인생은 5분의 연속이다."

죽음의 문턱에 가서 도스토예프스키가 깨달은 것은 삶의 소중함이었다. 그리고 바로 이것이 우리가 간절해야 하는 이유다.

세상에 태어난 이상, 당신 또한 무언가 궤적을 남기고 싶을 것이다. 그런데 왜 머뭇거리는가. 삶은 긴 여정이지만, 무언가를 성취해내기에 한정돼 있다. 꿈을 모시고만 있지 말고, 꿈을 살아내야 한다. 그 꿈이 다른 꿈을 불러오고, 내가 누군가의 꿈이 될 때까지, 하루하루를 충실히 살아야 한다. 그게 내 인생의 주어진 시간에 대한 예의다.

오늘의 공부가 마지막 공부인 것처럼, 오늘의 배움이 마지막 배움인 것처럼, 한번만이라도 공부해 보자.

Chapter 4

네 번째 단계 :
공부의 정도✦

진정으로
공부한다는 것

✦ 제고 따지며 공부하지 말자.
  온 마음으로 공부하자.
  공부야말로 마음으로 하는 것이다.

공부는
마음가짐이다

지금까지 꿈, 주체성, 간절함에 대해 각각 이야기해보았다. 이번에는 아마도 여러분이 가장 궁금했을 단계이자 마지막 단계, '올바른 방법'에 대해 이야기해보려 한다. 하지만 들어가기에 앞서서 지금 꿈도 없고, 주체성도 없고, 간절함도 없는데 올바른 방법만을 알고 싶어서 4부를 먼저 펼쳤다면 내 이야기가 어려울 수도 있을 듯하다. '꿈', '주체성', '간절함', '올바른 방법'은 계단식 단계인데, 한 번에 네 계단을 올라가려면 버거운 것처럼 공부도 그렇다. 그러니 혹시 아직 앞의 세 단계를 확실히 밟지 않은 상태라면 다시 책의 첫 부분으로 돌아가 천천히 읽어본다면 이 파트를 더 잘 이해할 수 있을 것이다.

방법론의 늪에서 허우적거리지 말라

꿈을 찾고 주체성을 가진 후, 간절해지기까지 하자 이제 내게 남은 마지막 관문은 올바른 방법을 찾는 것이었다. 내가 주체적이지 않았다면, 혹은 내가 나의 학습에 있어 주인 의식이 없었더라면 아마 무엇이 옳은 방법일지 치열하게 고민하고 시도해보기보다는 주변 친구들이 하는 행동들을 단순히 따라하거나 주변 어른들이 제시하는 것을 그대로 복사-붙여넣기 하는 수준에서 그쳤을 것이다. 그러나 나의 학습에 있어 주인은 나였다.

그래서 무엇이 옳은 방법일지 하나씩 고민해보기 시작했다. 처음에는 어떻게 고민해야 하는 것인지조차 몰라 닥치는 대로 시행착오를 겪어보자는 생각으로 앞서 말한 대로 '무조건 베껴 적기'를 비롯한 이것저것 시도해보기도 했다. 그러나 얼마 있지 않아 '옳은 방법'은 '시행착오의 결과'로부터 오는 것이 아니라는 점을 알았다. 조금 더 정확하게는 '어떤 공부법을 실천하느냐'보다 '어떤 마음가짐으로 하느냐'가 핵심이라는 사실을 깨달았다. 이게 무슨 뜻일까?

얼마 전, 함께 농구를 했던 친구와 함께 '운동과 공부의 본질적인 차이는 무엇일까'에 대해 이야기해보았다. 이야기의 결론은 이러했다. 운동은 그 본질 자체가 '가시적으로 드러나는 행위'이기 때문에 운동을 잘하기 위해서는 '어떤 행동을 하느냐'가 중요하다. 이를테면 이두근이 발달하기 위해서는 '덤벨 컬'이라는 '행위'를 많이 하거나 큰가슴근소위 '갑바'라 불리는 근육 이 발달하기 위해서는 '벤치프레스, 체스트프레스'와 같은 '행위'에 집중하는 식으로 말이다.

그렇지만 공부는 그 본질이 '가시적으로 드러나는 행위'가 아니라 '인지 체계 속에서 일어나는 비가시적인 변화'이기 때문에 '어떤 행동을 하느냐'가 아니라 '어떤 정신으로 임하느냐'에 방점이 찍혀있다. 이를테면 수학을 위해서 '어떤 문제집을 몇 권을 풀었고, 어떤 모의고사를 얼마나 풀었느냐'가 중요한 게 아니라, 어떤 행동을 하였든 간에 '어떤 마음가짐으로 임했느냐'에 핵심이 있다는 말이다.

공부는 마법 같은 게 아니라서 'A라는 문제집을 푼다.'라는 행위나 'B라는 모의고사를 n회분 푼다.', '수능 기출을 n회를 반복해서 본다.'와 같은 행위를 한다고 해서 갑자기 '뾰로롱-' 하고 실력이 늘지 않는다. '윗몸일으키기를 매일 300개씩 한다.'라는 행위나 '덤벨 컬을 A 무게로 B회 반복한다.', '이틀에 한 번씩 10km를 달린다.'와 같은 행위를 하면 가시적으로 근육이 붙고 체지방률이 줄어

드는 '운동'과는 본질적인 차이가 있다는 것이다.

그렇지만 많은 학생들은 마치 '공부'가 '마법'이라도 되는 양 생각하며 단순히 다른 사람의 방법을 따라 하면 본인도 실력이 늘 것이라 착각하곤 한다. 그래서 '○○대학 ○○학과 합격자의 수기'를 보며 그 사람이 몇 시에 일어났고 몇 시에 잠을 잤으며, 어떤 문제집을 썼고 어떤 학원을 다녔으며 모의고사는 몇 회분을 풀었고 평가원 기출 모의고사는 몇 회독을 했는지 그 '행위'를 궁금해 하고 이를 그대로 따라하려 한다.

물론 그 심리가 이해되지 않는 것은 아니다. 아마 '운동'과 '공부'의 이런 본질적 차이를 정말 몰라서 '운동'과 마찬가지로 '공부'도 어떤 행위를 그대로 따라 하기만 하면 잘될 것이라 생각할 수 있다. 혹은 공부가 그런 마법 같은 것이 아닌 것은 잘 알지만 그래도 '스스로 고민해보기 귀찮아서', '복잡해서', '스스로에 대한 확신이 없어서', 등의 이유로 그 불편한 사실을 외면하고 있을 수도 있겠다. 또, 타인에게 인정받고 싶은 욕구가 앞서서 '나는 이렇게 대단한 사람이 한 행동을 그대로 따라하는 사람이다!'를 겉으로 내보이고 싶어서인지도 모르겠다. '공부'는 '마법'이 아니라서 어떤 행위를 하기만 하면 마법처럼 잘되는 것이 아니다. 그러니 방법론의 늪에서 허우적거리지 말자. 공부는 어떤 방법으로 하느냐보다 올바른 마음가짐을 가지는 게 먼저다.

무조건 던져야 하는 세 가지 질문

아직도 생생하게 기억난다. 고등학교 1학년이 끝나가고 1월 1일 새해가 시작되었음을 알리는 보신각 종소리를 들으며 두 눈을 꼭 감고 나는 굳게 결심하였다.

"방법론의 늪에서 벗어나 올바르게, 제대로 공부해야겠다."

이런저런 비유와 대유를 생각해보고 다양한 사고 실험을 해가며 학습을 대하는 올바른 방법이 무엇일지 찾으려 노력했다. 그러면서 하나씩 내 답을 찾아갔다.

내가 생각했던 첫 번째 비유는 이렇다. 내가 만약 당신에게 삽을 하나 쥐어주며 나가서 땅을 파라고 하면 어떨 것 같은가? 나가서 파겠는가? 아닐 것이다. 아마도 당신은 내게 이렇게 되물을 것이다.

"왜 파야 하나요?"

그렇다. 어떤 학문을 학습하든, 늘 그것을 시작하기 전에 던져야 하는 첫 번째 질문은 "왜?"이다.

"나는 이 학문을 왜 학습하는가?"

이 질문에 대한 가장 본질적인 답을 내려 보자면 이렇다.

"너무 즐거워서."

우리가 어떤 행동을 하게 되는 동기가 무엇인가에 대한 다양한 심리학 이론들이 있다. 그리고 그것들을 '행동주의 이론' 혹은 '동기 이론'이라 부른다.

내게 멘토링을 부탁한다며 일주일 전에 찾아왔던 한 학생이 있었다. 그 학생을 처음 만났을 때 나는 짤막하게 자기소개를 해달라고 했다. 그러자 그는 이렇게 말했다.

"저는 옷장 안에서 상상을 하는 걸 좋아해요. 그래서 나중에 영화를 만들어보고 싶어요."

이야기가 이어지다 공부에 대한 화제가 나오자 학생은 이렇게 말했다.

"저는 왜 공부해야 하는지 모르겠어요. 동네 분위기가 공부하는 분위기고 선생님이 시켜서 그냥 하기는 하는데, 잘 모르겠어요."

그래서 나는 이렇게 물어봤다.

"그럼 너는 왜 옷장 안에서 상상을 하는 거니?"

그러자 그 학생은 이렇게 말했다.

"재밌어서요."

어떤 행위를 하는 동기가 그 행위 자체에서 오는 즐거움에 있다면 그것을 '내재적 동기'라 하고, 동기가 그 행위 밖의 무언가에 있다면 그것을 '외재적 동기'라 한다. 이를테면 '주변 친구들과의 경쟁심 때문에', '누군가가 시켜서', '안 하면 혼나서', '나의 능력을 증명하고 싶어서.'와 같은 이유들로 어떤 행동을 하게 된다면 그것은 '외재적 동기'인 것이다. 그러면 '내재적 동기'와 '외재적 동기' 중무엇이 바람직한 동기겠는가? '내재적 동기'이다. 만약 행동 'A'를하는 동기가 그 행위 밖의 무언가인 'B'에 있다면, B가 사라졌을때 'B의 손실로 인해 A를 하지 않는다'라는 결론에 도달할 테니 말이다.

나는 그 학생에게 이렇게 말해주었다.

"네가 상상을 하는 이유가 '즐거워서'인 것처럼, 공부를 하는 이유도 '즐거워서'여야 마땅하지 않을까?"

정리해보자면 어떤 과목을 학습하든, 가장 먼저 던져야 하는 질문은 "나는 이 학문을 왜 학습하는가?"라는 점이다.

이제 두 번째 질문이다. 컴퓨터 게임을 너무 좋아하는 한 학생을 생각해보자. 이 학생은 더 잘하고 싶은 마음에 게임 자체를 분석하며 이런 질문을 던지지 않을까?

"이 게임이 나한테 요구하는 능력은 무엇일까?"

컴퓨터 게임이 잘 공감이 안 된다면 '뜨개질'이라거나 '기타 치기', '노래 부르기', '큐브 맞추기', '두더지 잡기'와 같이 자신이 정말 좋아하는 모종의 취미로 바꾸어 생각해보라. 뜨개질을 너무 좋아하는 학생이라면 '뜨개질이 나한테 요구하는 능력은 뭘까…? 섬세한 손놀림인가? 집중력?'이라는 생각을 할 법하지 않은가? 혹은 큐브 맞추기를 정말 좋아하는 학습자라면 '큐브 맞추기가 나한테 요구하는 능력은 대체 뭘까…? 순발력? 공간 지각능력?'이라는 생각을 할 법하며, '노래 부르기'를 너무 즐거워하는 학습자라면 자연스레 '깊은 폐활량? 떨지 않는 강인한 자신감? 이런 능력이 필요한가?'라는 생각을 할 법하지 않은가?

학문을 대할 때, '왜?'라는 질문에 이어 두 번째로 던져야 하는 질문은 이것이다.

"이 학문이 나에게 요구하는 능력은 무엇인가?"

그럼 이 다음으로 자연스레 따라 나올 질문을 생각해보자. 큐브 맞추기가 요구하는 능력이 공간 지각능력이라는 결론을 내린 학습자를 한 명 가정해보자. 그러면 이 학습자는 이런 생각을 할 법하지 않은가? '공간 지각능력의 함양을 위해서 나는 어떤 훈련을 할 수 있을까?' 뜨개질이 요구하는 능력이 섬세한 손놀림이라는 결론을 내린 학습자가 있다면 아마도 '손놀림을 섬세하게 하기 위해서 나는 어떤 훈련을 할 수 있을까?'라는 생각을 하지 않을까?

그러니 이 학문이 요구하는 능력이 무엇인지 결론을 내린 후에 자연스레 던져야 하는 세 번째 질문은 이것이다.

"그 능력의 함양을 위하여 나는 어떤 훈련을 해야 하는가?"

정리해보면 이렇다. 어떤 학문을 학습하든 다음 세 가지 질문은 늘 던져야 할 것이다.

[1] 나는 이 학문을 왜 학습하는가?
[2] 이 학문이 나에게 요구하는 능력은 무엇인가?
[3] 그 능력의 함양을 위하여 나는 어떤 훈련을 해야 하는가?

이 세 가지 질문에 대해 스스로 답을 내리는 것이 옳다는 것을 깨달은 고등학교 1학년 말의 1월 1일부터 나는 공부하는 방식이 바뀌었다.

내가 찾은 공부법을 바로 다음 장에 적어놓겠지만, 그 전에 여러분이 다만 하루라도 자기만의 이유를 생각해본 후에 다음 장을 읽기를 권한다. 대학수학능력시험에서 치루는 과목들에 대한 답변은 내가 해줄 수 있겠지만 그 이후에 여러분이 마주할 여타 학문들에 대해서는 내가 대신 답을 내려줄 수 없는 노릇 아닌가. 그러니 스스로가 꼭 멈춰서 세 가지 질문들에 대해 고민해보기를 바란다.

국어 :
지문과 연애하듯 대화하기

Point 1_국어 지문과 일대일 대화 나누기

대학수학능력시험에서 응시하는 과목 중 첫 번째, 국어에 내해
이야기해보자. 일단 무엇보다 이것부터 이야기해야 한다.

[1] 국어를 왜 공부하는가?

국어를 공부하는 이유는 무엇일까? 각자의 대답은 다를테지만
이 질문에 대해 내가 내린 답은 이렇다.

"국어를 공부하는 이유는 마음을 열고 대화를 나누는 것이 너무
나 즐겁고 설레기 때문이다."

흔히들 하는 방식과 달리 국어 지문은 '딱딱한 설명문' 같은 게 아니다. '정보를 쏙쏙 효율적으로 뽑아내야 하는 글', '철저히 분석하고 공략해야 하는 대상'이 아니다.

서로 마음을 다 터놓는 절친한 친구와 이전부터 기대하던 여행을 다녀왔다고 상상해보자. 친구와 하루 종일 여기저기 신나게 돌아다니다 밤에 집에 돌아와 잠자리에 든 참이다. 자기 전에 그날의 일과를 되짚어보는데, 아침부터 집에 돌아온 순간까지가 전부 생생하게 기억나는 것이다. 친구와 함께 본 풍경, 체험한 일들, 그때 나눈 사소한 대화나 농담까지 전부 다. 이 모든 걸 기억하기 위해 노트를 꺼내 필기해가며 대화했을까? 문단 단위로 내용을 정리하고 옆에 모식도를 그려가며, 밑줄 긋고 동그라미 치며 대화했을까? 전혀 아닐 것이다. 그런데도 왜 사소한 농담 하나까지 전부 기억이 날까? '마음을 열고 대화했기 때문'이다. 바로 이것이 우리가 국어를 공부하는 이유다.

우리가 마음을 열고 지문과 즐겁게 대화할 수 있는 마음가짐만 갖는다면 모식도를 그리거나 지문을 분석하고 다양한 기호로 표시하지 않아도 자연스레 내용이 다 '기억날' 것이다. 억지로 '기억하지' 않아도 말이다.

이제 두 번째 질문으로 넘어가보자.

[2] 국어라는 과목이 내게 요구하는 능력은 무엇인가?

간단하다. '마음을 활짝 열고 대화할 수 있는 능력'이다. 지문에 마음을 활짝, 정말 활짝 여는 능력이 필요하다. 마치 지문의 화자가 절친한 친구라도 된 것처럼 생생하게 마음을 여는 능력 말이다.

내가 정말 존경하는 국어 선생님의 말씀을 빌리자면, 수능 날 아침에 국어 시험지를 받아들고 펼치기 직전 당신이 느껴야 하는 감정은 '설렘'이다. 이제 곧 사랑하는 사람과 신나게 대화할 수 있으니 얼마나 설레는 일인가.

이제 마지막 세 번째 질문이 남는다.

[3] 마음을 활짝 열고 대화하는 능력을 기르기 위해 나는 어떤 훈련을 해야 하는가?

이 질문에 대한 답도 매우 간단하다. 사실 질문 자체에 답이 있다. 마음을 활짝 열기 위해 노력하면 된다. 뒤에서 내가 한 방식을 적어놓겠지만 절대 '행동'에 집중하지 말기 바란다. 내 방법을 그대로 '복사-붙여넣기' 한다고 마법처럼 잘 풀리지는 않을 것이다. 다만 올바른 마음가짐을 갖고 나의 방법을 토대로 자기만의 방법을 찾아가기 바란다.

Point 2_지문과 대화를 나누는 구체적인 방법

일단 내가 지문에 마음을 활짝 열기 위해 취한 행동은 네 가지였다.

> ① 지문을 읽기 전 2초 정도 잠시 눈을 감고 내 앞에 절친한 친구의 모습 세워두기

최대한 구체적일수록 좋다. 쉬는 시간에 친구와 자주 들락거리던 매점 구석에 앉아 간식을 늘어놓고 이야기를 꺼내려는 모습을 그려본다거나, 집으로 돌아가던 저녁 무렵 어스름한 길에서 시시콜콜한 대화를 나누던 때를 떠올리는 식이다. 나는 화자를 최대한 구체적으로 상상하면 할수록 더욱 마음을 열기 쉬웠다. 좋아하는 연예인을 대입하는 것도 방법이다.

> ② 지문을 읽기 직전에 소리 내어 "안녕? 오늘은 무슨 이야기를 해줄 거야? 오늘은 뭐 배워 왔어?"라고 말하며 한껏 설레기

두 번째 행동에서 첫 번째 포인트는 '소리 내어'이다. 마음속으로 "안녕? 오늘은 무슨 이야기를 해줄 거야? 오늘은 뭐 배워 왔어?"라는 문장을 말하는 데에는 정말 '찰나'의 시간밖에 걸리지 않

는다. 첫 멘트가 이런 식으로 '휘릭' 지나가버리면 마음이 잘 열리지 않아서, 나는 꼭 소리 내어 지문에 인사했다.

또 다른 포인트는 '한껏 설레기'이다. 나는 감정의 요동이 있을 때 '앎'을 넘어서 '삶'이 변화할 준비가 된다고 느꼈다. '소리 내어', '한껏 설레는 마음으로' 지문에 "안녕? 오늘은 무슨 이야기를 해줄 거야? 오늘은 뭐 배워 왔어?"라고 말하는 것이 내가 한 두 번째 행동이었다.

> ③ 지문에 적힌 모든 문장을 소리 내어 읽되 문장의 마지막 종결어미는 문어체에서 구어체로 바꾸어 읽기

세 번째 행동도 포인트가 두 가지가 있는데, 우선 첫 번째는 '지문의 모든 문장을 소리 내이 읽기'이다. 이렇게 하는 이유는 '내 앞에 앉아 있는 친구가 하는 말'을 내가 대신 소리 내어 말해주기 위함이다. 그러니까 잠시 '친구의 목소리'를 내가 대신 내주는 것이다. 우리는 모바일 메신저나 문자 메시지보다 전화나 얼굴을 맞대고 대화하는 것을 더 생생하게 여긴다. 전화나 면대면 대화가 '목소리'를 통해 이루어지기 때문이다. 따라서 지문을 그저 눈으로만 훑는 것이 아니라 '친구의 목소리'를 대신 내는 방식으로 청각을 자극해 실제 대화하는 것과 비슷한 효과를 내고자 한 것이다.

두 번째는 '구어체로 바꾸어 읽기'이다. 문어체로 대화하는 사람은 없다. 그래서 모든 문장의 마지막 종결어미만 구어체로 바꾸어 실제 대화하는 것과 같은 효과를 내고자 했다.

물론 시험장에서 큰 소리를 낼 수는 없다. 그래도 소리를 통해 진짜 '대화'하는 듯한 기분을 내고 싶다면 귀마개를 끼고 혼자 속삭이며 지문과 신나게 대화하면 된다. 두 손으로 귀를 꼭 막고 소리를 내면 아주 작게 속삭여도 자기 자신한테는 크게 들린다.

---

④ 지문의 한 문장을 읽고 나면(혹은 읽는 도중에라도) 꼭 어떤 방식으로든 소리 내어 반응하기

이제 마지막이다. 많은 학생들이 지문을 읽을 때 별다른 반응을 하지 않고 읽곤 한다. 친구가 열심히 이야기하는데 아무런 반응도 하지 않는다면 그 친구가 얼마나 속상하겠는가? 그러니 한 문장을 읽고 나서, 혹은 읽는 와중에 어떤 방식으로든 꼭 소리 내어 반응하라는 것이다. 이를테면 "양자역학? 그게 뭔데?"라거나, "진단 키트에 다양한 과학적 원리가 들어간다고? 어떤 원리가 들어가는데?"와 같은 식이다. 혹은 간단하게 "오, 그래?"라거나, "와, 신기한데?" 정도라도 괜찮다.

Point 3_천천히, 자세히, 꼼꼼하게

"대화하듯 읽어보라 해서 그렇게 했는데도 잘 안 돼요."

지문과 대화하며 읽기를 시도했는데 결과가 영 신통찮다는 피드백을 종종 듣기도 한다. 그러면 나는 대화하듯 읽을 때 걸린 시간부터 묻는다.

"그냥 읽을 때는 5분 정도 걸렸는데, 대화하니까 두 배는 더 걸리더라고요. 한 10분?"

그럼 나는 이렇게 답한다.

"저는 처음 대화하며 읽을 때 지문 하나당 한 시간 넘게 걸렸어요. 아니, 한 시간 동안 지문과의 대화에 푹 빠진 거죠. 그러니까 더 천천히, 더 자세히, 더 꼼꼼하게 대화를 나눠보세요."

대화하듯 읽으라는 건 그냥 형식만 대화로 바꾸라는 게 아니다. 단어 하나, 문장 하나, 허투루 지나가지 말고 친구의 말을 귀 기울여 집중하라는 뜻이다.

학생들은 늘 조급한 마음으로 빨리 읽으려고 든다. 그러다 보니 본인이 중요하다고 생각하지 않는 문장이나 단어는 놓쳐버리고 만다. 하지만 친구나 소중한 누군가의 말이라면 어떨까? 당연히 구석구석까지 꼼꼼하게 확인할 것이다. 별것 아닌 이야기에도 하나하나 "응, 그렇지.", "맞는 말이야." 하고 반응하게 되고, 이해하지 못하는 말이 튀어나오면 나도 모르게 "잠깐만, 그건 이해가 잘 안 돼. 다시 얘기해줄래?" 하고 요구하게 된다.

이렇게 지문의 모든 문장, 모든 단어에 관심을 갖고 반응하면 한 시간이 훌쩍 넘게 걸린다. 실제로 나도 지문과 처음 대화할 때는 지문당 한 시간 이상씩 걸렸다. 어려운 지문을 읽을 때는 두세 시간 동안 지문 하나와 대화한 적도 있다. 그러니 일단은 절대적인 시간을 들여야 한다. 처음에는 한 시간 이상 걸리는 게 너무나 당연하다. 한 시간 이상 걸리지 않았다면 대화를 그만큼 깊이 있게 하지 못했다는 뜻이니 다시 천천히 각 단어와 문장과 대화해보자.

대화가 제대로 이루어졌는지 확인하는 방법이 있다. 바로 대화 내용을 기억하는지 스스로 점검하는 것이다. 일단 대화가 끝나면 지문을 덮고 지금까지 대화한 내용을 처음부터 끝까지 이야기해보자. 이때 모두 생생하게 기억난다면 지문과 제대로 대화를 마친 것이다.

10분 만에 대화를 끝냈다는 학생에게 책을 덮고 지금 대화한 내용을 말해보라 하니 내용의 10%도 채 떠올리지 못했다. 심지어 여러 번 반복되는 단어조차 헷갈린다며 제대로 답하지 못했다. 아마 대부분이 이럴 것이다.

그럼 어떻게 해야 지문의 모든 내용이 다 기억이 날 만큼 대화할 수 있을까? 학생들에게 대화하듯 읽어보라고 하면 한 문장에 고작 한 번 정도 대응한다. 그것도 무척 소극적인 반응, 예를 들어 "아, 그래? 그렇구나." 정도에 그친다. 나는 그럴 때마다 묻는다. "이해하고 반응하는 거야?" 대부분은 그냥 그런가 보다, 하고 넘긴다는 거다. 이런 식으로 읽으면 백날 대화해도 제대로 지문을 이해할 수 없다.

예를 들어 "BIS는 은행의 재무 안정성을 점검하는 핵심 지표로, 국제결제은행에서 제시한 기준이다."라는 문장이 나왔다고 하자. 그러면 "응, 그래. 그런 지표구나." 하고 그냥 넘어가서는 안 된다. "BIS? 뭔가 약자 같은데? 잠깐, 내가 한번 추측해볼게. 은행 이야기를 하고 있으니 B는 Bank 맞지? 지표 얘기가 나오니 I는 Index려나? 그럼 S는 뭐지? 아니야, BMI처럼 지표를 약자로 하는 건 대부분 I가 마지막에 나오던데, 이긴 중간에 나오니까 지표를 뜻하는 거 같지 않은데? 흠……, 그럼 지표가 아니라 이걸 처음 제시한 국제결제은행을 뜻하는 거 아닐까? B는 똑같이 Bank일 거고, 국제면 International, 그럼 S로 시작하는 단어 중 결제를 뜻하는 단어가 있다는 얘긴데……, 아! Settlement! Bank of International Settlement라서 BIS인가 보군! 그 다음에 해준 말은 재무 안정성을 점검하는 핵심 지표였지? 재무 안정성이라는 것을 숫자로 확인하려면 아마 가지고 있는 확실한 자산의 양이 어떻게든 들어가겠지? 대출이나 채권 같은 건 확실한 자산이 아니니까 아마 이 비율에서는 빠져야 할 거야. 그럼 현금과 금처럼 현금화하기 쉬운 현물, 부동산을 뜻할 거 같은데…….”

　이런 식으로 폭 넓고 깊이 있게 대화가 흘러가야 한다. 문장을 이루는 모든 단어에 관심을 기울인다는 표현이 적절할 것이다. 한 문장만 보았을 뿐인데 이렇게나 많은 이야깃거리가 쏟아진다. 이런 식으로 깊이 있게 대화해야 ‘제대로’ 대화했다고 할 수 있다. 그러니 당연히 시간이 많이 걸릴 수밖에 없다. 본문에 나오지 않는 약자도 추측해보고, 내가 아는 사실과 비교도 해보는 식으로 그 문장을 씹고 뜯고 맛보면, 누가 시키지 않아도 내용이 저절로 머릿속에 각인된다. 처음에는 당연히 시간이 오래 걸린다. 하지만 걱정할 필요 없다. 대화하듯 읽기에 익숙해지면 나중에는 한 지문을 읽는 데 그리 오랜 시간이 걸리지 않는다.

　국어를 제대로 공부하기 위해 본질적으로 필요한 것은 ‘관심’이다. 만약 모든 주제에 관심을 가지고 있다면 국어 공부가 하나도 어렵지 않을 것이다. 읽는 족족 재밌으니 국어 공부, 국어 시험은 늘 환영일 터다. 주제를 매개로 지문에 관심을 갖기가 어렵다면, 화자를 매개로 지문에 관심을 가져보자. 관심이 없는 주제라 할지라도, 소중한 상대의 입에서 나온다면 자연스레 관심이 쏠리지 않겠는가?

Point 4_국어 시험, 절대로 시간과 싸우지 마라

"화법과 작문은 15분, 비문학은 30분, 문학은 30분 안에 들어와야 해요. 그러려면 비문학 지문 하나에 7분 내지 8분을 소요해야 하고요. 그래서 7분 안에 지문을 다 읽고 문제를 푸는 훈련을 해야 한대요."

이런 이야기를 나는 과외할 때마다 듣는다. 특히 상위권 학생들은 어디서 강의라도 듣고 오는지 입을 모아 이렇게 말한다. 이들에게 시계란 언어 영역의 '절대 아이템'이란다.

신나게 대화하고 있는데 중간중간 계속 시계를 확인하면서 몇 분이 지났는지 체크한다면 상대방의 기분이 어떻겠는가? 무척 섭섭하지 않을까?

시계를 보는 것은 '실제로 소요된 시간'과 '소요되있다고 예상하는 시간'을 '비교'하는 행위이다. 만약 '실제로 소요된 시간'이 더 길다면 비참해질 것이고, '실제로 소요된 시간'이 더 짧다면 교만해질 것이다. 양쪽 모두 부정적인 결론으로 이어지는데, 대체 왜 시계를 보고 시간 비교를 한단 말인가.

시계를 보지 말라고 하면 다들 걱정부터 한다. 수험생이 언어 영역에 대해 갖는 가장 큰 두려움은 '시간 안에 문제를 다 못 푸는 것'이다. 그래서 시험지를 받기 전부터 조급한 마음으로 대기한다.

시험지를 펼치고 지문을 읽을 때는 빨리 읽어야만 한다는 압박감에 대충 읽고 넘어갔다가 문제를 풀 때 다시 지문으로 돌아온다. 아예 문제부터 읽고 문제와 관련된 부분의 지문만 읽으려는 학생도 있다.

하지만 문제는 지문과 제대로 대화하기만 한다면 너무나 쉽게 풀리게끔 구성되어 있다. 그래서 나는 학생들에게 늘 당부한다. '지문을 읽는 데에 들이는 노력' : '문제를 푸는 데에 들이는 노력'을 약 9:1 정도로 맞추라고 말이다. 지문을 다 읽는 바로 그 순간, 어떤 문제를 맞히고 틀릴지는 이미 판가름 난다. 그러니 지문과 제대로 대화하는 것이 훨씬 중요하지 않겠는가.

나는 시간을 재본 적은 없지만 수능을 치기 직전, 지문과 완벽히 대화한 다음 문제로 넘어갔을 때 지문에 딸린 문제 6개 정도를 약 30초에서 1분 안에 다 풀었다. 이는 문제를 읽자마자 답이 나오는 수준의 시간이고, 실제로도 문제를 읽으면 바로 답이 보였다. 고민 같은 건 하지도 않았다. 앞으로 되돌아가 지문을 읽은 적도 없다. 훤히 답이 보이는데 왜 고민하고, 왜 앞으로 되돌아가겠는가. 이렇게 '문제가 쉬워지는 것'이 바로 지문 제대로 읽기의 힘이다. 그러니 제발 진심으로 국어 지문부터 공들여 읽기를 바란다.

실전 시험 TIP

다음은 실제 모의고사에 나온 한 지문이고 내가 어떻게 지문과 대화를 나누었는지를 정리해보았다. 나는 일단 지문을 읽기 전에 인사를 건넸다. 내게 이야기를 들려주러 온 너를 환영한다는 의미이다. 그리고 문장이 길 때면 단락을 나누어서 추임새를 넣었다. 이야기를 그저 흘려듣지 않고, 놓치는 단서 하나 없이 최대한 진심으로 지문의 내용을 받아들이려 했다. 여러분도 한번 시도해보면 국어 지문 읽기가 한층 재미있어질 것이다.

안녕? 오늘은 무슨 이야기를 해줄 거야? 오늘은 뭐 배워 왔어?

건강 상태를 진단하거나 범죄의 현장에서 혈흔을 조사하기 위해 검사용 키트가 널리 이용돼.

오, 그치, 그치. 〈CSI〉 같은 범죄 수사 드라마에서 혈흔을 조사할 때 무슨 키트를 가져와서 검사하는 장면, 나도 본 적 있어! 어떻게 작동되는 건지 되게 신기하던데!

키트 제작에는 다양한 과학적 원리가 적용되는데,

역시! 어떤 원리가 적용되는 거야?

적은 비용으로 쉽고 빠르고 정확하게 검사할 수 있는 키트를 제작하는 것이 요구돼.

음, 그렇겠네. 내가 경찰 수사반장이었다고 생각해보면 일단 쉽고 빠르고 정확하게 검사할 수 있으면서 가격도 싸면 제일 좋겠다. 그럼 어떤 원리를 이용해서 어떻게 제작하기에 싸고 쉽고 빠르고 정확하기까지 할 수 있는 거야?

이러한 필요에 따라 항원-항체 반응을 응용하여 시료에 존재하는 성분을 분석하는 다양한 형태의 키트가 개발되고 있어.

오, 그 과학적 원리가 바로 '항원-항체 반응'이구나! 그게 뭔데? 그리고 다양한 형태의 키트가 있다고? 어떤 형태의 키트들이 있는데?

항원-항체 반응은 항원과 그 항원에만 특이적으로 반응하는 항체가 결합하는 면역 반응을 말해.

항원-항체 반응이 그런 거구나. 그러면 시료에 존재하는 목표 성분과 '특이적으로 결합'하는 성질을 이용해서 키트가 작동되겠구나! 맞지? 그러면 시료에 존재하는 목표 성분이 '항원'인가, '항체'인가?

항체 제조 기술이 발전하면서

'항체 제조 기술'이라고? 오호라, 그렇다면 시료에 존재하는 목표 성분은 '항원'이겠구나! 그러니까 이에 특이적으로 결합하는

'항체'를 제조하는 것이고!

휴대성이 높고 분석 시간이 짧은 측면유동면역분석법(LFIA)을 이용한 다양한 종류의 키트가 개발되고 있어.

측면유동면역분석법이라, 일단 '측면'이라고 하니까 뭔가 혈흔이 측면에서 들어와서 옆으로 이동해나가는 것 같네. '유동'이라, 이건 혈흔이 '이동'하니까 '유동'이라는 표현을 쓴 것 같고. '면역분석법'이라, 이름 잘 지었네! '항원-항체 반응'을 이용하니까 당연히 '면역분석법'이 되겠구나! 오케이! 그러면 이 방법은 뭐고, 이걸 이용한 키트의 종류에는 어떤 것들이 있는데?

LFIA 키트를 이용하면 키트에 나타나는 선을 통해,

오호, 이 키트에는 '선'이 나오는구나! 그 선을 통해서 아마 목표 성분이 있는지 없는지 알아낼 거고!

액상의 시료에서 검출하고자 하는 목표 성분의 유무를 간편하게 확인할 수 있지.

'액상의 시료'라, 당연하겠네! 우리는 '혈흔'을 조사할 거고 이름에서도 드러나듯 측면'유동'면역분석법이니까, 당연히 '액상'의 시료여야겠네! 오케이! 그러면 LFIA 키트에 선은 어떻게 나타나는데? 아마 앞에서 말한 항원-항체 반응이 이용될 것 같기는 한데…….

LFIA 키트는 가로로 긴 납작한 막대 모양인데,

오, 아까 '측면유동'이라 했었으니까 말 되네. 당연히 가로로 길어야겠지. 측면으로 시료가 움직이면서 키트가 작동될 거니까.

시료 패드, 결합 패드, 반응막, 흡수 패드가 순서대로 나란히 배열된 구조로 되어 있어.

시료 패드라, 일단 이 패드에서는 아마 시료가 처음 들어오겠지? 그 다음 결합 패드라, 여기서는 뭔가랑 시료가 결합되나? 반응막에서는 뭔가 반응이 이루어지고? 마지막 흡수 패드? 여기서는 또 뭐가 추가로 흡수되나? 뭐지?

시료 패드로 흡수된 시료는

아, 역시! 시료 패드로는 시료가 흡수되는 거였어!

결합 패드에서 복합체와 함께

결합 패드에서는 아마 복합체라는 녀석이랑 같이 결합하는 것 같고?

반응막을 지나

반응막은 그냥 지나? 반응이 뭐라도 이루어지기는 하겠지?

여분의 시료가 흡수되는 흡수 패드로 이동해.

아, 흡수 패드는 너무 많은 시료를 처음에 흡수했을 경우를 대비한 거구나! 그럴 경우에 흡수 패드에서 여분의 시료가 흡수되는 거고? 오케이! 그럼 일단 결합 패드에 있는 '복합체'는 뭐고, '반응막'에서는 어떤 반응이 일어나는 거지? 아마 항원-항체 반응일 것 같기는 한데······. 그리고 아까 말했던 '선'은 어디에 나타나는 거야?

결합 패드에 있는 복합체는 금-나노 입자 또는 형광 비드 등의 표지 물질에 특정 물질이 붙어 이루어지지.

아하, '복합체=표지 물질+특정 물질'이구나! 그럼 표지 물질은 뭐고 특정 물질은 뭐야?

표지 물질은 발색 반응에 의해 색깔을 내는데,

표지 물질은 색깔을 내는 녀석이구나! 아, 그러면 이 녀석이 바로 '선'을 나타내는 녀석이 되겠네?

이 표지 물질에 붙어 있는 특정 물질은 키트 방식에 따라 종류가 달라.

오호, 특정 물질이 키트 방식에 따라 종류가 다르다고? 오케이. 어떻게 다른데? 그리고 대체 특정 물질이 뭔데?

일반적으로 한 가지 목표 성분을 검출하는 키트의 반응막에는 항체들이 띠 모양으로 두 가닥 고정되어 있는데, 그중 시료 패드와 가까운 쪽에 있는 가닥이 검사선이고 다른 가닥은 표준선이야.

아하, '선'이 표시되는 곳이 바로 반응막이고 그것의 정체는 바로 '항체의 띠'였구나! 선은 두 개가 있네? 검사선? 표준선? 각각 이 뭔데?

표지 물질이 검사선이나 표준선에 놓이면 발색 반응에 의해 반응선이 나타나.

그렇겠네. 앞에서 생각했던 대로군. 표지 물질은 색깔을 내는 녀석이니까! 그러면 복합체가 검사선이나 표준선에 놓이느냐 안 놓이느냐에 따라 갈라지겠네? 그래서 검사선이랑 표준선이 뭔데?

검사선이 발색되어 나타는 나타나는 반응선을 통해서는 목표 성분의 유무를 판정할 수 있어.

오호, 검사선을 통해서는 목표 성분의 유무를 판정할 수 있다고? 그러면 검사선이 발색된 게 목표 성분이 있다는 거야, 없다는 거야?

표준선이 발색된 반응선이 나타나면 검사가 정상적으로 진행되었음을 알 수 있지.

오호라, 표준선이 발색되었다면 검사가 제대로 진행된 거구나! 그런데 검사선이 발색된 건 목표 성분이 있다는 걸까, 없다는 걸까? 되게 애태우네? 잠깐만, 그런데 앞에서 아까 특정 물질에 따라 키트의 종류가 바뀐다고 하지 않았나? 아, 그러면 혹시 특정 물질에 따라 키트의 종류가 바뀌고 그 키트의 종류에 따라 '검사선이 발색되었다'라는 것이 의미하는 바가 달라지는 건 아닐까?

LFIA 키트는 주로 직접 방식 또는 경쟁 방식으로 제작되는데,

오호, 키트의 종류가 다르다는 말은 즉 사용된 특정 물질이 다르다는 말이었지! 각각 어떤 특정 물질이 사용된 거야? 그리고 혹시 각각 검사선이 발색되었다는 게 의미하는 바가 다르려나?

방식에 따라 검사선의 발색 여부가 의미하는 바가 다르거든.

오오! 역시! 그러면 어떻게 다른데? 완전 궁금한데?

직접 방식에서 복합체에 포함된 특정 물질은 목표 성분에 결합할 수 있는 항체야.

자, 생각해볼게. 직접 방식에서 '특정 물질'은 '항체'라고? 그러면 만약 시료에 목표 성분이 있다면 결합 패드에서 복합체는 목표 성분에 달라붙겠네? 그리고 '복합체 ┃ 목표 성분'은 이동해서 검사선의 항체랑 또 달라붙을 거고? 그러면 검사선이 '복합체의 표지 물질'에 의해 발색되겠구나! 그러면 직접 방식에서 '검사선이 발색되었다'라는 말은 '시료 안에 목표 성분이 있었다'를 의미하겠네!

시료에 목표 성분이 포함되어 있다면 목표 성분은 이 항체와 일차적으로 결합하고, 이후 검사선의 고정된 항체와 결합하는 거지.

그렇지! 내가 예상했던 대로군!

따라서 검사선이 발색되면 시료에서 목표 성분이 검출되었다고 판정해.

그래, 그래! 역시 내가 예상했던 대로야! 그러면 경쟁 방식은 어때?

한편 경쟁 방식에서 복합체에 포함된 특정 물질은 목표 성분에 대한 항체가 아니라 목표 성분 자체야.

오호, 경쟁 방식에서는 '특정 물질'이 '항원'이라고? 자, 그럼 또 생각해보자. 그러면 만약 시료 안에 목표 성분이 들어있을 경우에는 복합체랑 목표 성분이 달라붙지 않은 채 각각 검사선의 항체를 향해 가겠네? 그런데 만약 시료 안에 목표 성분이 엄청 많이 들어 있다면 복합체가 검사선의 항체랑 결합하는 빈도가 줄어들 거니까 발색이 거의 안 되겠네. 아, 오케이! 그러면 경쟁 방식에서 '검사선이 발색되지 않았다'라는 말은 '시료 안에 목표 성분이 있다'라는 말이 되겠네! 오, 그런데 생각해보니 이름 잘 지었다! '경쟁 방식'이라. 복합체랑 목표 성분이 검사선의 항체를 두고 마치 경쟁하는 것처럼 작동하니까 '경쟁 방식'이라는 이름이 어울리네! 좋아, 좋아.

만약 시료에 목표 성분이 포함되어 있으면 시료의 목표 성분과 복합체의 목표 성분이 서로 검사선의 항체와 결합하려 경쟁하지.

그렇지. 역시 나의 예상대로군.

이때 시료에 목표 성분이 충분히 많다면 시료의 목표 성분은 복합체의 목표 성분이 검사선의 항체와 결합하는 것을 방해하므로 검사선이 발색되지 않아.

그치. 그러면 이제 직접 방식과 경쟁 방식도 알았고, 그 원리도 잘 알았어. 오, 그런데 여기서 더 해줄 말이 있다고?

직접 방식은 세균이나 분자량이 큰 단백질 등을 검출할 때 이용하고, 경쟁 방식은 항생 물질처럼 목표 성분의 크기가 작은 경우에 이용해.

흠, 좀 생뚱맞은 이야기네······? 왜 그럴까. 생각해볼게. LFIA 키트는 (1)쉽고 (2)빠르고 (3)정확하고 (4)싸야 하는데, 아마 '(4)싸야 한다' 때문 아닐까? 생각해보자. 만약 항원의 크기가 너무 크다면, 항원을 직접 제작해서 복합체 내에 집어넣는 '경쟁 방식'을 사용하기는 경제적으로 부담스럽지 않을까? 그러니까 세균이나 분자량이 큰 단백질 등을 검출할 때에는 '직접 방식'을 쓰는 거고? 반대로 항원의 크기가 작다면 항원을 직접 제작해서 넣는 게 경제적으로 그리 부담스럽지만은 않으니까 '경쟁 방식'을 사용할 수 있는 거 아닐까? 단순 추측이긴 한데 뭔가 그럴법하네?

그런데 잠깐, 생각해보니 아직 '(3)정확해야 한다'에 대해서는 아무 말도 안 해주지 않았나? LFIA 키트는 정확한가?

한편, 검사용 키트는 휴대성과 신속성 외에 정확성도 중요하거든.

그렇지. 역시! 정확성도 중요하겠네! 그런데 잠깐. 다시 생각해보자. '정확성'이라. 만약 시료에 목표 성분이 있는데 키트 결과상 '있다'라고 판정되는 게 정확한 건가, 아니면 시료에 목표 성분이 없는데 키트 결과상 '없다'라고 판정되는 게 정확한 건가? 둘 중 뭘까?

키트의 정확성을 측정하기 위해서는 키트를 이용해 여러 번의 검사를 실시하고 그 결과를 분석하지.

뭐, 당연하겠네! 한 번 측정하는 것만으로는 정확성을 바로 판정할 수는 없겠지.

키트가 시료에 목표 성분이 들어 있다고 판정하면 이를 양성이라고 해.

오케이. 키트의 판정 결과 '있다'라면 '양성'이라. 알았다!

이때 시료에 목표 성분이 실제로 존재하면 진양성, 시료에 목표 성분이 없다면 위양성이라고 하지.

이름 잘 지었네. 키트의 판정 결과가 '있다'일 때, 진짜 시료에 목표 성분이 있었다면 '진짜 양성', 그러니까 '진양성'이고, 만약 시료에 목표 성분이 없었다면 '가짜 양성', 그러니까 '위(僞)양성'이겠네. 좋아. 그럼 반대로 아마 키트의 판정 결과가 '없다'라면 '음성'이라 부르고, 이때 진짜 시료에 목표 성분이 없다면 '진음성', 시료에 목표 성분이 있었다면 '위음성'이라 부르지 않을까?

반대로 키트가 시료에 목표 성분이 들어 있지 않다고 판정하면 음성이라고 해.

역시! 나의 예상이 맞았어!

이 경우 실제로 목표 성분이 없다면 진음성, 목표 성분이 있다면 위음성이라고 불러.

그렇지. 좋아, 좋아! 그러면 당연히 '위양성'과 '위음성'이 없을수록 키트가 정확한 거겠네?

현실에서 위양성이나 위음성을 배제할 수 있는 키트는 없어.

에헤이, 안타깝군. 뭐, 완벽할 수는 없지.

여러 번의 검사를 통해 키트의 정확도를 구하는데, 정확도란 시료를 분석할 때 올바른 검사 결과를 얻을 확률이야.

잠깐만, '올바른 검사 결과'라고? 그렇다면 '정확도'라는 게 '시료 안에 목표 성분이 들어 있을 때 키트 결과상 들어 있다고 판정되는 경우'와 '시료 안에 목표 성분이 없을 때 키트 결과상 없다고 판정되는 경우'를 모두 포함하는 단어겠네? 그런데 '정확성'이라는 한 단어로 이 두 가지 경우를 어떻게 포괄할까?

정확도는 민감도와 특이도로 나뉘지.

역시! 두 개로 나뉘는군! 그럼 둘 중 하나는 '실제 있을 때 있다고 판정할 경우'고 나머지 하나는 '실제 없을 때 없다고 판정할 경우'겠네. 아마 우리가 '무언가 조금이라도 있을 때 있다고 느끼는 것'을 보통 민감하다고 하니까 '민감도'가 바로 '실제 있을 때 있다고 판정하는 경우' 아닐까? 특이도는 반대고?

민감도는 시료에 목표 성분이 존재하는 경우에 대해 키트가 이를 양성으로 판정한 비율이야.

그렇지. 예상한 대로야! 그럼 이걸 식으로 표현해보면 이렇게 되겠네.

$$민감도 = \frac{진양성}{진양성 + 위음성}$$

특이도는 시료에 목표 성분이 없는 경우에 대해 키트가 이를 음성으로 판정한 비율이야.

이것도 예상한 대로군! 그럼 이걸 식으로 표현해보면 이렇게 되겠네.

$$특이도 = \frac{진음성}{진음성 + 위양성}$$

민감도와 특이도가 모두 높아 정확도가 높은 키트가 가장 이상

적이지만

당연히 그렇겠지!

현실에서는 그렇지 않은 경우가 많아서

에헤이. 역시 안타깝군.

상황에 따라 민감도나 특이도를 고려하여 키트를 선택해야 해.

오, 그렇다면 지금 같은 코로나 사태에서는 코로나에 걸렸는데

안 걸렸다고 판정되는 비율, 즉 위음성을 최소화하는 게 중요할

테니, 민감도가 높은 키트를 선택하는 식이겠네.

---

38. 윗글을 바탕으로 〈보기〉를 이해한 반응으로 적절하지 않은 것은?

〈보기〉
살모넬라균은 집단 식중독을 일으키는 대표적인 병원성 세균이다.
세균이라고? 세균은 크기가 크니까 항체를 만들어 넣는 직접 방식을
사용하겠네.
기존의 살모넬라균 분석법은 정확도는 높으나 3~5일의 시간이 소요
되어 질병 발생 시 신속한 진단 및 예방에 어려움이 있었다.
아이고, 저런.
살모넬라균은 감염 속도가 빠르므로 다량의 시료 중 오염이 의심되는

시료부터 신속하게 골라낸 후에 이 시료만을 대상으로 더 정확한 방법으로 분석하여 오염 여부를 확정 짓는 것이 효과적이다.

맞네. 그게 더 효과적이겠네.

최근에 기존 방법보다 정확도는 낮으나 저렴한 비용으로 살모넬라균만을 신속하게 검출할 수 있는 ⓐLFIA 방식의 새로운 키트가 개발되었다고 한다.

그럼 이 키트는 직접 방식일 거고, 감염 속도가 빠르다고 했으니까 민감도가 높은 키트를 사용하는 게 맞겠네. 살모넬라균이 없는데 있다고 하는 건 괜찮으니까 조금이라도 있다면 "있어!"라고 판단하는 키트를 써야 감염을 막기에 효과적일 테니까.

① ⓐ를 개발하기 전에 살모넬라균과 결합하는 항체를 제조하는 기술이 개발되었겠군.

당연하지. 항체 제조 기술이 개발되어서 LFIA 키트가 만들어진 건데.

② ⓐ의 결합 패드에는 표지 물질에 살모넬라균이 붙어 있는 복합체가 들어 있겠군.

무슨 소리야. 직접 방식을 사용해야 하는데. 그럼 [표지 물질 + 살모넬라균에 대한 항체]로 복합체가 만들어져야지. 답은 2번이네.

③ ⓐ를 이용하여 음식물의 살모넬라균 오염 여부를 검사하려면 시료를 액체 상태로 만들어야겠군.

④ ⓐ를 이용하여 현장에서 살모넬라균 오염 의심 시료를 선별하

기 위해서는 특이도보다 민감도가 높은 것이 더 효과적이겠군.

⑤ ⓐ를 이용하여 살모넬라균이 검출되었다고 키트가 판정한 경우에도 기존의 분석법으로는 균이 검출되지 않을 수 있겠군.

2019학년도 6월 모의고사 中

어떤가? 지문과 '진짜 대화'를 하고 나니 문제의 답이 훤히 보이는 것 같지 않은가? 놀랍게도 위의 문제는 해당 모의고사에서 오답률 베스트 1위를 기록한 문제다. 하지만 꼼꼼하게 읽어보면 머리를 싸매고 고민할 문제가 전혀 아니다. 국어의 핵심은 '지문 빨리 읽어젖히기'가 아니다. 천천히, 온 관심을 기울이며 신나게 대화하다 보면 답은 저절로 나온다.

수학 :
아는 것도 되묻는 허물기 학습

Point 1_문제 풀이에 목매지 않아도 된다

이제 수능 두 번째 과목, 수학에 대해 이야기해보자. 수학은 많은 학생들이 어려움을 겪는 과목이다. 오죽하면 '수포자'라는 말이 일상화되고 수학을 못해서 문과에 간다고들 하겠는가. 하지만 수학은 죄가 없다. 수학에 대한 오해를 풀면 수학이야말로 모든 학문의 기초이자 논리력만으로 풀 수 있는 가장 합리적인 과목이라는 사실을 알게 될 것이다.

국어와 마찬가지로 수학도 이 질문으로 시작하겠다.

[1] 수학을 왜 공부하는가?

이에 답하려면 수학이 어떤 과목인지 알아야 한다. 우리가 생각하는 수학은 어려운 계산식과 외워야 하는 공식투성이지만, 이런 것들을 다 털어내고 근원을 좇아 거슬러 올라가면 딱 두 가지가 남는다. 바로 '정의'와 '공리'이다. 정의는 말 그대로 '어떤 용어에 대한 뜻'을 말하고, 공리는 '별다른 증명 없이 사용하는 논리'를 말한다. 이 두 가지를 시작으로 '논리적'으로 전개되는 학문이 바로 수학이다. 그렇다면 수학을 학습하는 이유는 무엇일까? 내가 내린 답은 이렇다.

"정의와 공리로부터 시작하여 논리를 전개해나가는 것이 정말 즐겁기 때문이다."

수학을 공부할 때, 정의라는 일정한 약속을 하고, 공리라는 증명 없이 사용하는 논리를 통해 이런저런 방향으로 방대하게 논리를 전개해나가는 과정이 나는 너무나 즐거웠다. 논리의 단계마다 얼마나 치열한 수학자들의 고민이 있었을 것이며, 얼마나 큰 깨달음의 순간들이 있었겠는가? 그런 논리의 흐름을 한 단계 한 단계 전개하며 따라 나가는 것이 너무나 흥미로웠다.

두 번째 질문으로 넘어가보자.

[2] 수학이라는 과목이 내게 요구하는 능력은 무엇인가?

수학이 정의와 공리로부터 논리적으로 전개되는 과목이라면, 당연히 이 과목이 요구하는 최우선 능력은 '논리력'일 테다. 논리가 무너진 수학은 더 이상 수학이 아니니 우선 논리의 칼날을 세우는 능력부터 갖춰야 한다.

여기서 끝이 아니다. 우리가 논리의 칼날을 세우는 시점은 '이미 누군가가 전개해놓은 논리를 이해할 때'일 것이다. 그러나 수학은 그 누구도 전개하지 않은 방향의 논리를 전개하는 사람 덕분에 발전해왔을 것이다. 그러니까 이를테면 '피타고라스의 정리'를 우리는 '이해'하는 시점에 살고 있지만, 피타고라스는 이 논리를 인류 역사상 처음으로 전개했을 것이다. 그러니 수학에는 '창의력' 또한 필요하다. 새로운 방향으로 논리를 전개하려면 기존의 틀에서 벗어나 새로운 길을 개척해야 하니 말이다.

정리해보면 이렇다. 수학이 나에게 요구하는 능력은 논리력과 창의력이다.

이제 세 번째 질문으로 넘어가보자.

[3] 논리력, 창의력을 기르기 위해 나는 어떤 훈련을 해야 하는가?

바로 이 부분이 할 이야기가 참 많은 대목이 되겠다. 수도 없는 오해로 둘러싸인 지점이기도 하다. 가장 널리 퍼진 오해 중 하나가

바로 '문제를 많이 풀면 수학을 잘하게 된다'는 것이다.

나는 수학 문제를 많이 풀지 않았다. 1,2학년 때는 수학이란 무엇인지를 파악하지 못해서 한동안 문제만 풀어봤던 때도 있었다. 하지만 개념이 잡히고 난 후, 3학년 때는 1년 동안 약 100문제 정도밖에 풀지 않았다. 문제 풀이를 최고의 방법이라 여기던 친구들도 있었는데 나는 이것을 잘 이해하지 못했다. 그래서 주변에서 문제를 많이 푸는 친구들과 문제를 많이 풀게끔 시키는 선생님들을 유심히 관찰해보았다. 그랬더니 그들이 문제 풀기를 선택하는 이유는 바로 '내가 미처 제대로 모르고 넘어간 개념이 있다면 제발 문제가 그것을 다뤄주기를 바라는 희망'이었다. 한마디로 '모르는 문제가 나와서 그것을 공부할 기회가 생기기를' 바라는 것이다. 문제를 풀면서 모르는 내용이 나오기만을 기다리는 건 제대로 된 방법이 아니라는 생각이 들었다. 그래서 문제를 풀기보다는 개념을 제대로 내 것으로 만들기 위해 노력하기로 했다.

Point 2_무엇을 모르는지 깨우쳐주는 세 가지 허물기 학습

학습 방법은 크게 두 가지로 나뉜다. 하나는 '쌓기 학습', 하나는 '허물기 학습'이다. 쌓기 학습은 지식의 축적에 집중하는 학습이다. 이는 암기가 본질인 과목에 어울리는데, 이를테면 역사와 같은 학문이 될 것이다. 반대로 허물기 학습은 이전에 쌓았던 기존 도식을 허물어뜨리는 학습을 의미한다.

이때 허무는 방식에는 두 가지가 있다. 하나는 "내가 알고 있던 것은 사실 거짓일 수도 있어!"이고, 나머지 하나는 "사실은 내가 제대로 알고 있던 게 아니라 알고 있다고 착각했을 수도 있어!"이다. 이는 암기보다는 이해에 초점이 맞춰진 과목에 어울리는 학습이 될 것이다. 이를테면 수학과 같이 말이다.

고등학교 2학년 초였다. 아무리 문제를 풀고 개념을 이해하려 해도 자꾸 걸려 넘어지는 부분이 있었다. 선생님께 물어보기도 하고, 수학 잘한다고 소문난 친구들에게 묻기도 했지만 큰 소득은 없었다. 왜 이차함수를 그림으로 나타내면 '포물선'이라는 도형이 되는지, 또 대체 왜 직사각형의 넓이는 밑변과 높이의 곱이며 왜 뿔의 부피는 기둥 부피의 $\frac{1}{3}$인지 물어보면 "그거 중학교 때 배운 거잖아. 그냥 그런 거야. 그걸 외워서 문제 푸는 데 잘 써먹으면 됐지, 왜 그런 걸 궁금해하는 거야?"라는 답이 돌아왔다. 내가 궁금한 건 문제에 대한 답이나 문제를 풀 때 써먹을 수 있는 공식이 아니라, 왜 이 공식을 배우는지, 그 사실은 어떻게 밝혀진 것인지였다. 하지만 다들 나를 답답하다는 듯 바라봤다. 하지만 나는 '이런 유형의 문제에는 이런 공식 활용', 그런 식으로 외워버리고 넘어가고 싶지 않았다. 차근차근, 하나씩, 제대로 학습하고 싶었다.

1) 초등, 중등 수학까지 파고들기

수학 공부를 할 때 어딘가에서 막힌다면 개념 정리가 제대로 되지 않은 것이다. 대부분의 학생은 어떻게든 그 파트 내에서 이해하려고 노력하거나, 혹은 공식을 외우는 걸로 대체하려 한다. 하지만 의문이 생겼을 때 가장 먼저 할 일은 이전 학년 교과서를 확인하는 것이다. 예를 들어 삼각비에서 막혔다면 중학교 교과서를 펼치고 삼각형의 성질과 비례식을 살펴보는 식이다. 여기서도 모르는 게 나오면 다시 초등학교 교과서로 내려간다.

나는 헷갈리는 부분, 이해가 되지 않는 부분, 막히는 부분이 생기면 주저 없이 보관하고 있던 옛날 교과서를 꺼내들었다. 몇 번 그렇게 하다 보니, 생각보다 내가 초등학교 수준조차 제대로 이해하지 못한다는 걸 깨달았다. 나는 고2 때, 초등학교 1학년 교과서부터 다시 꺼내들어, 제대로 이해하지 않은 채 넘어왔던 개념들을 하나하나 찾아 열심히 허물어뜨리는 과정을 거쳤다.

초등학교 1학년 교과서의 첫 장을 펼칠 때는 자존심이 상하기도 했다. 그렇지만 몇 분이 채 지나지 않아 자존심을 부릴 상황이 아니라는 걸 뼈저리게 깨달았다. 깜짝 놀랐다. '기본은 쉬운 거'

라며 나도 모르게 등한시했던 개념들이 얼마나 많았는지 모른다. '각'이 '도형'인 줄도 몰랐고, '직선'의 정의와 '선분'의 정의가 각각 무엇인지도 몰랐다. 약수와 배수가 자연수 범위가 아닌 정수 범위에서 정의된 것이라는 사실도 몰랐고 −11을 4로 나눈 나머지는 1이라는 것조차 몰랐다.

그뿐인가. 알고 있다고 착각하고 있던 것들을 찾아내는 순간도 많았지만, 교과서의 부족한 부분들, 혹은 논리상 허점이 있는 부분도 여럿 발견할 수 있었다. 교과서에 '딴지'를 걸 만한 부분들이 보이자, 그 딴지에 스스로 답하려 애쓰게 되었다. 주변 선생님들께 여쭤보기도 하고, 인터넷과 각종 서적을 열심히 찾아보기 시작했다.

그렇게 시간이 흐르자 내가 알고 있다 여겼던 것들은 모조리 허물어졌다. 공들이지 않은 탑이 무너진 자리에는 다시금 견고한 개념의 탑이 쌓여갔다. 결코 쉽지 않은 순간의 연속이었지만 동시에 너무 즐겁고 신났던 시간이었다.

2) 목차의 앞뒤를 살피며 흐름을 타기

수학은 '흐름'이 있는 학문이다. 흐름이 있다는 말은, 즉 해당 개념이 등장하게 된 배경이 되는 개념이나 논리가 있다는 뜻이며, 또한 해당 개념에서 더 나아가는 개념이나 논리가 있다는 뜻이다. 따라서 어떤 수학 개념을 '이해했다'고 말하기 위해서는 '①개념 자체에 대한 논리적 이해'는 물론이거니와, '②왜 이 개념이 등장하게 되었는지' 대답할 수 있어야 하고, '③해당 개념이 다음 개념의 전개에 어떤 역할을 하는지' 답할 수 있어야 한다. 이를 다르게 표현하자면 '해당 개념을 처음 만든 사람의 마음에 공감하는 것'이다.

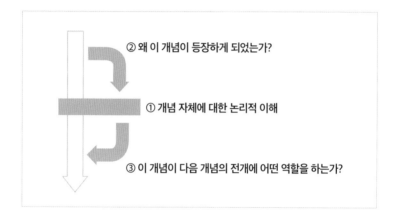

②왜 이 개념이 등장하게 되었는가?

①개념 자체에 대한 논리적 이해

③이 개념이 다음 개념의 전개에 어떤 역할을 하는가?

어떤 수학 개념을 '이해했다'라고 말하기 위해서는 위의 도식에 나온 세 가지 질문에 제대로 답할 수 있어야 한다. 그러나 학생들을 관찰해보면 ②나 ③은 물론이고 ①조차 제대로 답하지 못하는 경우가 비일비재하다. 그러니까 그 개념이 왜 등장하게 되었는지, 그 개념의 등장으로 어떤 논리가 전개될 수 있었는지에 대한 이해가 부족한 것은 물론이고, 그 개념 자체에 대해 논리적으로 설명하는 것조차 잘하지 못하더라는 이야기다.

위의 질문 ①, ②, ③에 대해 어떤 방식으로 답을 내려가는지 예를 들어보겠다. '피타고라스의 정리'에 대해 생각해보자.

우선 ① 피타고라스의 정리란 무엇인가? 피타고라스의 정리란 '직각삼각형에서 빗변을 제외한 나머지 두 변의 길이의 제곱의 합은 빗변 길이의 제곱과 같다'는 정리이며, 이를 식으로 표현하면 직각삼각형에서 빗변의 길이를 a, 빗변을 제외한 나머지 두 변의 길이를 각각 b, c라 했을 때 $a^2=b^2+c^2$이 항상 참이라는 정리다. 그럼 이 정리가 왜 성립하는가?

위의 그림처럼 빗변의 길이가 a, 나머지 두 변의 길이가 각각 b, c인 직각삼각형 네 개를 꼭짓점이 닿도록 이어 붙여보자. 그러면 그 결과 만들어지는 큰 정사각형의 넓이는 직각삼각형 네 개의 넓이와 그들 사이의 작은 정사각형의 넓이의 합과 같다는 것을 알 수 있다. 이를 식으로 나타내면 $(b+c)^2 = \frac{1}{2}bc \times 4 + a^2$이고, 이를 정리하면 $b^2+2bc+c^2=2bc+a^2$, 따라서 $a^2=b^2+c^2$이 참임을 알 수 있다.

그럼 이제 ②로 넘어가자. 이 개념이 등장하게 된 이유는 뭘까? 중학교 1학년, 삼각형에 대해 배울 때 '삼각형의 결정조건' 혹은 '삼각형의 확정조건'이라는 개념을 배운다. 이 개념에 따르면 삼각형은 다음의 세 가지 경우에 단 하나의 유일한 삼각형으로 결정된다.

(1) 세 변의 길이가 주어졌을 때(SSS)

(2) 두 변과 끼인각의 크기가 주어졌을 때(SAS)

(3) 한 변과 양 끝 각의 크기가 주어졌을 때(ASA)

그리고 삼각형이 하나로 확정되었다는 말을 조금 더 구체화하면, 삼각형에 대한 모든 정보를 알 수 있다는 것을 의미한다. 이를테면 '모든 변의 길이'나 '모든 각의 크기'와 같은 것들 말이다.

이를 바탕으로 생각해보자. 직각삼각형에서 빗변을 제외한 나머지 두 변의 길이가 주어졌다면 이는 '(2) SAS'에 따라 삼각형이 하나로 확정되었다는 것을 의미하고, 따라서 빗변의 길이까지 구할 수 있음을 의미한다. 그러나 이를 어떻게 구할 것인지, 그러니까 'How?'에 대해서는 아직 답을 찾지 못했던 것이다. 따라서 피타고라스는 이 'How?'에 답하기 위해 고민하던 중 이런 해답을 찾아낸 것이다. 이런 이유 때문에 피타고라스의 정리가 발견되었다.

그럼 이제 ③, 이 개념이 다음 개념의 전개에 어떤 도움이 되는지 알아보자. 이 질문을 조금만 바꿔 생각해보면 이렇게 된다.

"내가 이걸 알면 무엇을 할 수 있게 되는가?"

피타고라스의 정리를 알고 난 후 할 수 있게 된 것은 '직각삼각형에서 세 변 중 어떤 두 변의 길이만 알면 나머지 한 변의 길이를 구할 수 있게 된 것'이다. 그리고 이 생각은 후에 코사인 제2법칙을 증명하는 과정이나, 좌표계에서 두 점 사이의 거리를 구할 때 사용된다.

바로 이런 식으로, ①, ②, ③의 질문에 대해 답하는 것이다. 개념 자체에 대한 논리적 설명이 가능하고, 그 개념이 왜 등장했는지, 다음 개념의 진행에 어떤 역할을 하는지 제대로 설명할 수 있을 때 비로소 그 개념을 '제대로 이해했다'고 말할 자격이 있다.

실제 수학 교과서는 이와 같이 한 개념을 배운 뒤 그 개념에서 한 발 나아간 새로운 개념을 덧붙여 배우는 식으로 진행된다. 교과서의 목차를 면밀히 관찰하고 '대체 왜 이걸 여기서 배우는 걸까?'에 대해 끝없이 답하려 노력하다 보면, 목차 안에 숨은 이야기가 보이기 시작한다.

3) '이해'와 '납득'을 구분하기

대부분의 학생이 ①, ②, ③의 질문에 제대로 답하지 못함에도 불구하고 백이면 백 이해했다고 말한다. 그 이유는 무엇일까? 바로 '이해'와 '납득'을 혼동하기 때문이다.

간단한 예시 하나를 들어보겠다.

'π는 무리수다'라는 것을 많은 친구들을 이해했다고 착각하곤 한다. 지금 잠시 멈춰서 생각해보자. 정말 당신은 이것을 이해했는가, 아니면 납득했는가?

선생님들은 보통 π가 무리수라는 것을 설명할 때, 우선 무리수의 정의부터 짚어가기 시작한다. 무리수란 '순환하지 않는 무한소수'인데, π를 소수로 표현하면 '3.141592……'가 된다는 것을 '보여준다'. 대략 소수점 아래 30자리, 혹은 100자리까지 보여준 후 이렇게 말씀하신다.

"자, 봐봐! 순환하지 않지! 그리고 π는 무한소수거든. 그러니까 무리수란다."

그리고 대부분의 학생은 거기서 고개를 끄덕인다. 하지만 제대로 공부하는 사람이라면 바로 이 대목에서 손을 들고 질문할 줄 알아야 한다.

"소수점 아래 백 자리까지 봤다고 해서 어떻게 이게 순환하지 않고 무한하다고 보장할 수 있나요? 설사 백 자리가 아니라 천 자리, 백만 자리, 일억 자리까지 보여준다고 해도 그 이후부터 순환할 가능성을 갖고 있는 것 아닌가요? 그렇다면 'π는 무리수다'라고 이야기할 것이 아니라 'π는 무리수가 될 가능성을 갖고 있다'라고 이야기해야 하는데, 어떻게 π가 무리수라고 확신할 수 있나요?"

그렇지 않은가? π가 무리수라는 것을 당신은 아마 이해하지 않은 채 단순히 납득했을 것이다. 그렇지만 계속 말하듯, 우리는 이해와 납득을 구분해야 한다. 내가 무엇을 이해하지 않은 채 단순히 납득하고 지나갔는지 하나하나 면밀히 분석해봐야 한다는 것이다. 바로 이것을 판단하기 위해서 허물기 학습이 필요한 것이다. "나는 이걸 제대로 알지 못할 지도 몰라!"라며 하나하나 면밀히 허물다 보면 분명 단순히 납득하고 넘어간 것들이 하나둘씩 보일 것이다.

Point 3_ '왜?'라는 강력한 질문

어릴 때 나는 질문이 많은 아이였다.
"엄마, 하늘은 왜 파래?"
"왜 물 속에서는 숨이 안 쉬어져?"
"불가사리는 팔 하나가 떨어지면 다시 솟는데, 왜 나는 팔이 다시 안 솟아?"
일상이 질문이라 부모님께서 무척 곤혹스러웠다고 하셨다. 아마 나쁘만이 아닐 것이다. 어린 시절에는 누구나 '왜'가 말버릇처럼 입에 붙어 있다. 이때의 순수한 '지적 호기심'을 수학 교과서를 펼 때 다시 되살려야 한다. "왜?"라는 질문을 포기하지 말라는 것이다. 이를테면 이런 거다.

"나는 왜 '함수'라는 것을 배우는가?"

이런 질문을 던지고 생각하는 것을 시간 낭비라 치부해버리는 학생이 많다. 그러나 이렇게 질문을 던지다 보면 수학의 흐름을 크게 조망할 수 있는 힘을 가지게 되고, 나아가 교과서에 적혀 있는 틀을 깨고 나아갈 수 있게 된다.

예를 들어 함수에 대해 생각해보자.

"함수라는 개념을 왜 배우는가?"

오랜 고민 끝에 이 질문에 대해 내가 내린 답은 이렇다.

"식과 그래프그림의 아름다운 조화를 위해서이다."

함수의 등장 전까지 그림과 식은 서로의 영역을 침범하지 않았다. 그러나 함수가 등장하면서부터 우리는 식을 좌표계라는 곳에 그림으로 표현해낼 수 있게 되었고, 반대로 그림을 식으로 해석할 수 있게 되었다. 즉 함수를 배우며 등장한 좌표계가 바로 식과 그림이 하나 되는 만남의 장인 것이다.

따라서 우리는 그림을 그리며 놀던 행위를 그대로 식에서도 재현할 수 있다. 평행이동, 대칭이동, 확대/축소, 회전이동 등이 그것이다. 실제로 초등학교 때 모눈종이 위에 그려진 도형을 평행이동, 대칭이동, 확대/축소, 회전이동을 시켜 새롭게 그려봤을 것이다.

이렇게 그림 그리는 행위를 이제 식으로 표현할 수 있게 되었다는 데에 '함수'를 배우는 의의가 있다. 따라서 교과서에 y=f(x)라는 함수를 x축 방향으로 +a만큼, y축 방향으로 +b만큼 평행이동하면 y-b=f(x-a)가 된다는 것과 같은 논리가 실려 있는 것이다.

이렇게 '왜?'라는 질문에 대해 답을 내리면 전체를 조망할 수 있게 되고, 그러면 이제 새로운 의문들이 샘솟는다.

"함수 덕분에 식을 그림으로 표현할 수 있다는 건 알겠어. 그러면 대칭이동은 어떻게 식으로 표현할 수 있을까? 확대나 축소는? 회전이동은 어떻게 할 수 있을까?"

바로 이 지점이 교과서의 틀을 깨는 순간이다. '왜?'라는 질문을 끝없이 던지다 보면 이런 식으로 수학을 크게 바라볼 수 있고, 기존에 배웠던 틀을 깨고 다양한 방식으로 논리를 전개할 수 있게 된다. 그러니 '왜'라는 질문을 포기하지 않기 바란다.

이 질문에 대한 근원적 해답을 찾아낸다면 당신은 단순히 '①개념 자체에 대한 논리적 이해'에서 더 나아가, '②왜 이 개념이 등장했는가?'와 '③해당 개념이 다음 개념 전개에 어떠한 역할을 하는가?'에 답할 수 있게 될 것이다. 그제야 비로소 하나의 개념을 이해했다고 당당히 말할 수 있게 되는 것이다.

Point 4_공식을 무조건 암기하지 말고 개연성 따지기

'수학' 하면 가장 먼저 떠오르는 단어는 아마 '공식'일 것이다. 예상컨대 공식이라는 통곡의 벽에 잡아먹히는 건 중학교 1학년 때 등장하는 '곱셈 공식'이나 '근의 공식'부터이지 않을까 한다. 내게 질문하는 중학생 10명 중 2~3명 정도는 "공식이 너무 많아요. 이거 어떻게 다 외워요?"라는 푸념을 늘어놓으니 말이다.

그런데 놀라운 반전이 하나 있다. 나는 어떠한 공식도 암기하지 않았다. 거짓말 같은가? 일단 공식이 왜 암기 사항이 아닌지부터 따져보자.

수학 공부는 단편적 지식의 집합체가 아니기에 흐름이 존재한다. 흐름이 존재한다는 것은 곧 이야기가 있다는 것이고, 그 말은 곧 개연성이 있다는 얘기다. 우리가 문제를 푸는 이유도 개연성에 있다. 어떤 개념과 어떤 개념을 엮어 문제로 만들 수 있을지, 그 개연성을 직접 체험해보는 것이다. 이를테면 A라는 개념과 B라는 개념이 엮인 문제를 체험하면 학생들은 '아, A를 보면 B를 떠올리는 것이 자연스럽구나'를 깨달을 수 있다. 그렇게 A와 B가 엮인 문제만 많이 풀다가, A와 C가 엮인 문제를 접하면 '어, 이건 어렵네!'라고 반응하게 된다. 이는 '낯선 개연성', 그러니까 '개연성이 낮은 이야기의 전개'라 느끼기 때문이다. 바로 이 지점이 개연성이 '문제의 난이도'를 결정짓는 순간이다.

여기서 하나 짚고 넘어가야 할 것이 있다. 문제를 꼭 '풀어야만' 그 개연성을 발견할 수 있는 게 절대 아니라는 거다. 스스로 개념 공부를 하는 과정에서 개념끼리의 관계를 파악하고 이를 통해 개념 사이의 개연성을 깨달을 수 있다.

문제 풀이로만 개연성을 익히면 내가 '풀어보지 못한' 문제, 즉 전혀 새로운 개념끼리 엮은 문제가 나오면 헤매게 된다. 만약 A라는 개념에서 이야기가 흘러갈 수 있는 방향이 B, C, D가 있다고 하자. 개념을 제대로 공부한 학생이라면 A를 보면 B, C, D가 떠오를 것이다. 그러나 문제만 많이 푼 학생이라면, 그리고 만약 시중에 있는 문제집의 대부분이 A와 B만 엮었다면, 그 학생은 A를 보면 B밖에 떠오르지 않을 것이다. 이 두 학생이 A와 D를 엮은 문제를 시험장에서 마주하면 어떻게 될까? 개념을 제대로 공부한 학생은 당연히 엮을 수 있는 두 개념을 엮어서 낸 문제라 받아들이지만, 문제만 많이 푼 학생은 낯선 개연성이라 받아들이고 너무 어려운 문제라고 느낄 것이다.

이제 공식의 실체가 조금 보이지 않는가? 공식은 그저 '개연성이 높은 등식'에 '○○공식'이라 이름 붙여둔 것일 뿐이다. 이를테면 '다항식의 곱셈'에서 개연성 높게 등장할 수 있는 등식들 몇 개를 엮어 '곱셈 공식'이라 이름 붙여놓는다거나, '직각삼각형의 세 변 사이의 관계'라는 개념을 학습할 때 개연성 높게 등장할 수 있는 등식을 가리켜 '피타고라스의 정리'라 이름 붙여두는 식이다.

다시 말해 공식은 그저 개연성이 높은 등식일 뿐, 반드시 그쪽의 개연성만을 따라야 한다는 법도 없고, 그 개연성만 존재하는 것도 아니다. 그러니까 '다항식의 곱셈'에서 개연성 높게 나오는 '곱셈 공식' 외에도 다양한 다항식의 곱셈을 논할 수 있고, '이차방정식'에서 개연성 높게 나오는 '근의 공식' 외에도 다양한 방식으로 이차방정식의 근을 구하는 과정을 논할 수 있다.

공식에 겁먹지 말자. 공식이라는 색안경을 끼고 수학을 바라보면 "왜 외운 공식대로 문제가 나오지 않지? 너무 어려워! 못 풀겠어!"라는 말밖에 안 나온다. 공식이라 이름 붙여진 방향이든 이름 붙여지지 않은 방향이든, 모든 방향의 개연성을 전부 부단히 고민하며 공부하기 바란다.

공식은 암기가 아니라 이해해야 하는 것이라고 학생들에게 말하면 메아리처럼 늘 되돌아오는 질문이 있다.

"그런데 암기하지 않으면 속도가 느린걸요! 어떻게 공식을 암기하지 않고 문제를 빨리 풀 수 있어요?"

그러면 나는 늘 이렇게 대답한다. 일단 근의 공식을 써보라.

다들 어렵지 않게 $x = \frac{-b \pm \sqrt{b^2 - 4ac}}{2a}$ 라고 썼을 것이라 생각한다.

이 대목에서 중요한 이야기가 시작된다. '위의 식을 썼다'라는, 겉으로 드러나는 행동은 같지만, 무턱대고 공식을 암기해서 쓴 학생과 제대로 이해하고 쓴 학생의 머릿속에서 일어나는 과정은 극명하게 다르다. 제대로 이해한 학생은 '근의 공식'이라는 말을 들으면 외운 공식을 떠올리기보다 '이차방정식의 근을 어떻게 구할까?'부터 생각하기 시작한다. 그 후, $ax^2 + bx + c = 0$이라는 이차방정식을 설정하고 이 방정식의 근을 구하기 위하여 본 식을 변형하여 $a(x + \frac{b}{2a})^2 = -c + \frac{b^2}{4a}$ 이렇게 바꾼다. 그 다음 양변을 a로 나눠 $(x + \frac{b}{2a})^2 = \frac{b^2 - 4ac}{4a^2}$ 이 식을 얻고, 제곱근을 씌워 $x + \frac{b}{2a} = \pm \frac{\sqrt{b^2 - 4ac}}{4a^2}$ 이 식을 얻으며, 양변에서 $\frac{b}{2a}$ 를 빼서 최종적으로 $x = \frac{-b \pm \sqrt{b^2 - 4ac}}{2a}$ 를 얻는다.

이 모든 과정이 곱셈 공식 $x = \frac{-b \pm \sqrt{b^2 - 4ac}}{2a}$ 를 적어 내려가는 1초 사이에 머릿속에서 순식간에 '후루룩!' 일어나는 것이다.

가끔 이렇게 말하는 학생도 있다.

"아니, 증명이야 저도 할 수 있죠, 선생님!"

그렇지만 그건 내가 이야기하는 '이해했다'의 수준에 못 미친다. 그건 그저 '곱셈 공식'을 식 따로 암기, 증명 과정 따로 이해한 것 아닌가. '시키면 할 수 있는 정도'로는 한참 부족하다. 그게 아니라, 근의 공식 $x = \dfrac{-b \pm \sqrt{b^2 - 4ac}}{2a}$ 를 적어 내려가는 그 잠깐의 1초 동안 머릿속에서 그 공식이 왜 등장한 건지, 그 증명 과정은 뭐였는지, 좌르륵 펼쳐지는 것이다.

"네? 그게 어떻게 가능해요? 선생님만 가능한 거 아니에요?"

절대 아니다. 이게 바로 '복습'의 힘이다.

가끔 학생들에게 물어본다.

"전체가 10이라고 했을 때, 예습 : 수업 : 복습의 비율이 어느 정도가 되도록 해야 할 것 같니?"

신기하게도 나오는 대답이 다들 비슷비슷하다.

"음…… 대충 2 : 5 : 3 정도요!"

그러면 나는 늘 이렇게 다시 바로잡아준다.

"앞으로는 4 : 1 : 5 정도로 맞추자. 수업이 안 중요하다는 게 아니야. 복습이 훨씬 더 중요하다는 거지. 그러니까 4시간 수업을 들었다면 복습은 대충 20시간 정도는 해줘야 한다는 거야. 수업 시간은 이해가 가도록 설명만 해주는 시간이야. 그걸 자신의 것으로 만들려면 오랜 복습 시간을 거쳐야 해."

복습을 한다는 건 수업 시간에 한 번 이해한 개연성을 완전히 자신의 것으로 만들기 위하여 부단히 오랜 시간과 노력을 들여 수백 번, 수천 번, 수만 번 경험해본다는 것을 말한다. 그러니까, '근의 공식'을 수업 시간에 접하고 한 번 이해한 다음, 스스로 그 유도 과정을 적게는 수백 번, 많게는 수천, 수만 번 정도는 계속 경험해보는 것이다. 그렇게 하면 똑같은 근의 공식을 적어 내려간다 할지라도 머릿속에서 일어나는 과정이 확연히 달라진다. 단순히 '근의 공식' 버튼을 클릭해서 암기해놓았던 결과식만을 적는 것이 아니라, 순식간에 그 유도 과정이 머릿속에서 돌아간다. 그 정도가 될 때까지 부단히 복습하는 것이다.

"그 정도로 복습하려면 시간이 너무 많이 들잖아요. 저는 빨리, 효율적으로 공부하고 싶은데 다른 방법은 없을까요?"

수학은 '누가 더 빨리하느냐'의 싸움이 아니다. 영화 〈이상한 나라의 수학자〉에는 '리만'이라는 위대한 수학자가 $\sqrt{2}$의 소수점 아래 32자리까지 손수 계산했다는 이야기가 나온다. 계산기에 입력만 해도 바로 나오는데 그런 쓸데없는 짓을 왜 한 것이냐고 한 학생이 묻자 수학자는 이렇게 대답한다. 그게 바로 수학과 친해지는 과정이라고. 마음껏 부대끼며 친해지는 거라고 말이다.

수학은 바로 그렇게 공부하는 거다. 부단히 오랜 시간을 마주

앉아 부딪치고 부대끼면서, 수백, 수천, 수만 번 다시 공식을 유도해보며 이런 생각, 저런 생각을 전부 해보는 거다.

'빠르고 효율적으로' 공부하는 게 더 좋은 것이라는 생각에서 벗어나, 부단히 오랜 시간 수학과 힘껏 부대꼈으면 한다. 수천, 수만 번 개연성을 스스로 밟아보며 그것을 완전히 자신의 것으로 만들었으면 한다. 우리는 '수학 문제 풀기'라는 과목이 아니라, '수학'이라는 이름의 과목을 공부하고 있으니 말이다.

Point 5_한 문제를 풀더라도 공들여 풀 것

수학 문제를 풀 때 영혼 없이 기계적으로 '풀어젖히는' 학생을 자주 본다. 과외를 하러 가면 아예 수학 문제집을 꺼내놓고 "선생님, 저 이 문제집 푸는데, 이걸로는 부족하죠? 다른 문제집 몇 개 더 추천해주세요. 아예 문제 1000개를 수록했다는 문제집을 하나 살까요?"라고 질문하는 친구도 있다.

나와 엇비슷하게 점수가 나오던 아이들도 하나같이 수학 문제집을 탑처럼 쌓아두고 풀었다. 무슨 문제 풀이 기계라도 되는 것처럼 문제집에 코를 박고 정신없이 손을 놀렸다. 문제 하나 푸는 데 한참 걸리는 나와는 너무나 달라서, 한때는 나만 이방인처럼 보이기도 했다.

하지만 언젠가부터 내가 그들의 점수를 앞지르게 되었다. 아무리 열심히 더 많은 문제를 풀어도 하루에 고작 한두 문제 푸는 나를 따라잡지 못하게 된 것이다. 친구들은 어떻게 '오답률'을 줄였냐고 물었다. 아마 내가 자잘한 계산 실수를 보완했거나, 문제 유형 판독을 더 잘하게 된 거라 여기는 것 같았다. 내 대답은 간단했다.

"문제 하나 풀 때 공식 안다고 대충 풀지 말고 공들여 풀면 돼."

문제 읽기 → 문제 해석하기 → 계획 세우기 → 써 내려가기

평소 나는 수학 문제를 푸는 과정을 위의 네 단계로 나누고 한 단계마다 충분히 생각한 뒤 앞으로 나아간다. 그런데 많은 학생이 이 네 가지 단계 중 두 번째와 세 번째 단계, 즉 문제 해석과 계획 세우기 단계를 간과한 채 얼른 풀려고만 한다. 그래서 문제를 읽자마자 뭐든 바로 써 내려가려 하는데, 문제를 파악하기 전에 쓰는 행위는 사실 큰 도움이 못 된다. 극단적으로 말하면 시간 낭비, 에너지 낭비다. 자꾸 뭐든 써보려고 문제와 상관없는 지식까지 죄다 꺼내다 보니 다양한 오개념이 생기기도 하고 문제가 어렵다는 느낌을 받기도 한다. 아마도 이는 문제를 빨리 풀어야 한다는 무의식적 압박 때문일 것이다. 이 압박에서 일단 벗어나자. 지금은 '타임

어택'을 하는 시간이 아니다. '더 빨리, 더 많이' 풀기보다 '더 제대로' 푸는 데 집중해야 한다.

문제 읽기부터 해석, 계획, 써 내려가기까지의 네 단계를 천천히, 충실히 지키며 문제를 풀면, 한 문제를 풀더라도 많은 것들을 깨달을 수 있다. 예를 들어 다음 문제에 대해 같이 생각해보자.

밑변의 길이가 2, 높이가 1인 삼각형의 넓이를 구하라.

첫 단계로, 일단 이 문제를 읽었을 것이다. 보자마자 바로 써 내려가고 싶은 충동이 들어도 참고 같이 한 단계씩 천천히, 충실히 밟아보자.

이제 문제를 해석해보겠다. 이 문제는 '삼각형의 넓이'를 구하라는 문제다. 그럼 이렇게 생각이 흘러간다.

'삼각형의 넓이를 구하는 방법에는 어떤 것들이 있지?'

기본적으로는 밑변의 길이와 높이를 알 때 '$\frac{1}{2} \times$밑변$\times$높이' 공식이 있다. 그러나 그 외에도 엄청나게 많은 방법이 존재한다. 삼각형이 확정되면 그 순간 삼각형의 넓이 또한 구할 수 있게 된다. 이를테면 '세 변의 길이를 알 때SSS', '두 변과 끼인각의 크기를 알 때SAS', '한 변과 양 끝 각을 알 때ASA' 삼각형의 넓이를 구하는 방법을 충분히 유도해볼 수 있다. 또, 좌표계상에서 삼각형이 확정되기 위해서는 '한 직선 위에 있지 않은 서로 다른 세 점의 위치'만 알면 되는데, 고로 좌표계에서 세 점의 위치가 주어진다면 넓이를 구해볼 수 있다. 이뿐 아니라 이런 등식들에서 유도될 수 있는 다양한 다른 방법들도 많다.

이 모든 방법을 전부 떠올린 다음, 이제 세 번째, 계획을 세우러 들어간다. 이렇게 말이다.

"문제에서 내게 주어진 것은 삼각형의 밑변의 길이와 높이야. 그렇다면 위의 많은 방법들 중 첫 번째 방법, $S_{\triangle ABC} = \frac{1}{2}ah$를 이용해야겠군."

이렇게 의식적으로 천천히 계획을 세웠다면 이제 드디어 샤프를 들고 종이에 풀이를 쓰러 들어가는 것이다. 이렇게 말이다.

"$S_{\triangle ABC} - \frac{1}{2}ah = \frac{1}{2} \times 2 \times 1 = 1$"

간단하다고 착각하는 문제도 이만큼이나 할 말이 많고 생각할 거리가 넘쳐나는데, 지금까지 단순히 기계적으로 풀어젖힌 문제들은 어떻겠는가. 전부 충실히 생각하며 공을 들여 풀었다면 누구보다 깊은 생각을 할 수 있었을 것이다.

문제는 나에게 생각할 거리를 만들어주는 '화두'와도 같은 것이다. 그러니 모든 문제를 풀 때 반드시 면밀히, 공을 들여 풀기 바란다.

영어 :
관심 갖고 반응하기

Point 1_최소한의 암기는 필요하다, 단 올바른 방법으로!

영어는 애초에 모국어와 다른 문자, 다른 어순을 가진 언어라, 영어를 위한 색다른 공부법이 존재한다고 생각할 수도 있다. 하지만 영어는 그 본질이 '언어'라는 점에서 국어와 동일하다.

[1] 영어를 왜 공부하는가?

앞서 '국어를 왜 공부하는가?'에서 말했던 것을 기억하는가? 지문을 읽을 때 눈앞에 놓인 글을 사랑하는 친구가 썼다 생각하고 즐겁게 대화하면 토씨 하나라도 자연스럽게 기억하게 된다. 영어는 알파벳, 국어는 한글로 적힌 게 다를 뿐, 영어 지문과 국어 지문 자체는 다를 것이 없다. 영어를 공부하는 이유는 국어와 마찬가지이다.

"마음을 열고 대화를 나누는 것이 너무 즐겁고 설레기 때문이다."

[2] 영어라는 과목이 내게 요구하는 능력은 무엇인가?

이것 또한 앞서 국어에서 이야기한 바와 같다. 마치 지문의 화자가 절친한 친구라도 된 것처럼 생생하게 마음을 여는 능력, 즉 '마음을 활짝 열고 대화할 수 있는 능력'이다.

[3] 마음을 활짝 열고 대화하는 능력을 기르기 위해 나는 어떤 훈련을 해야 하는가?

영어는 국어와 공부 방법도 비슷하다. 다만 다른 성질이 하나 있다면 한국인에게 영어는 모국어가 아니라는 점이다. 이로 인해 영어를 대할 때 유일하게 달라지는 것이 하나 있는데, 바로 해석을 해야 한다는 것이다. 국어에 비해 한 단계를 더 거쳐야 한다는 말이다.

미지의 언어에 적응하기 위해 학습해야 하는 것은 두 가지이다. 하나는 '단어'이고 다른 하나는 '문법'이다. 생각해보면 당연한 애

기다. 'Dog'가 '개'임을 모르는 학생은 'Dog'를 봐도 해석할 수 없을 것이고, 단어의 뜻은 알지만 문법 체계가 잡혀 있지 않은 학생은 'My dog is cute.'라는 문장을 보아도 해석하지 못할 것이다. 단어와 문법을 학습하는 방법은 당연하게도 '암기'다. 태어날 때부터 'Dog'가 '개'임을 알고 태어나는 사람을 없을뿐더러, 'Dog'가 '개'라는 것은 '이해'의 영역이 아닌 '암기'의 영역이니 말이다.

이 대목에서 '아, 암기 싫은데'라는 생각이 드는 학생이 분명 있을 것이다. 그런 학생에게 꼭 이야기해주고 싶다. 암기와 '단기 기억'은 다른 말이다. 뒤에서 더 자세히 말하겠지만, 단순히 머릿속에 '욱여넣는' 식의 학습은 '잘못된 암기'이다. 암기와 단기 기억을 착각하지 말라는 말을 우선 던지고 싶다. 진정한 암기는 외울 대상을 나의 삶으로 끌어들여 정착시키는 과정이지, 오늘 벼락치기로 외우고 내일 잊어먹는 게 아니다.

나는 새로운 영어 단어를 외우면 일상생활 속에 그 단어를 억지로라도 끼워 넣어 활용해보았다. 이를테면 친구들과 대화하거나, 혼자 골똘히 생각할 때 외운 영어 단어를 활용해 생각해보는 식으로 말이다. 예를 들어 '태도'를 뜻하는 'attitude', '진실한'을 뜻하는 'genuine', '확인하다'를 의미하는 'identify'를 암기하고 싶다면, 친구에게 "나는 네 attitude가 genuine하다는 것을 identify

했어."와 같은 문장을 사용해보는 식이다. 물론 억지스러운 문장이다. 처음에는 친구들도 "헐 무슨 소리? 지금 나 놀리는 거야?", "너 공부 잘한다고 자랑하냐?" 같은 소리를 했다. 하지만 유머를 곁들여 자주 쓰니 금세 적응했는지, 가끔은 본인이 아는 영어 단어로 받아치기도 했다.

내가 민망함을 감수하고 군이 일상생활에서 영어 단어를 사용하려 한 이유는 이것이 바로 '앎'을 '삶'으로 끌고 들어올 수 있는 가장 강력한 방법이 '훈습薰習'이기 때문이다. 훈습은 '연기 훈薰'에 '익힐 습習' 자로 이루어진 단어다. 고깃집에 들어갔다 나오면 무슨 수를 쓰든 온몸에 고기 냄새가 배는 것처럼, 훈습은 배우고 익힌 것이 나의 생활에 자연스럽게 배어들도록 하는 학습을 의미한다.

매일 오전 6시에 일어나는 가정의 아이는 자연스레 아침 일찍 일어나는 게 몸에 밸 것이다. 짬이 나면 무조건 독서를 하는 가정의 아이는 자연스레 책을 집어 들 것이다. 이런 게 가장 강력한 학습의 형태인 훈습이다. 어떠한 분위기에 자연스럽게 젖어들려면 그것이 일상이 되어야 한다. 그래서 어떻게든 새로운 영단어를 쓰는 분위기를 만든 거다.

단기 기억이 아닌 올바른 암기를 바탕으로 단어와 문법을 공부하면 그 뒤로는 국어 지문을 읽는 것과 다를 것이 없다. '대화'를 하는 것이다. 국어 지문을 읽을 때처럼 "안녕? 오늘은 무슨 이야기를 해줄 거야? 오늘은 뭐 배워 왔어?"라고 소리 내어 말한 뒤, 한 문장을 읽고 꼭 반응할 것. 이것이 전부다. 다만 모국어가 아니니, 한 문장을 읽은 후 반응하기 전 약간의 시간이 더 든다는 점이 다를 뿐이다.

Point 2_영어의 쓸모를 찾아보자

영어 공부가 재미없다는 학생들이 참 많다. 번역기가 이리 잘 개발된 21세기에 왜 영어를 배우는지 도저히 이해가 안 된다는 것이다. 심지어 자신은 외국인과 대화할 일이 없는 농촌 학생이고, 앞으로도 농사를 지으며 농부로서 살아갈 테니 쓸모없는 영어는 배우기 싫다는 학생도 있었다.

그런 학생에게 영어 지문과 대화를 나누는 것 자체를 즐기며 영어 공부를 하라고 말해봤자 와닿지 않을 것이다. 쓸모를 굳이 찾지 않아도 그냥 그것 자체가 재미있으니까 공부한다는 논리는 도저히 이해되지 않는 듯하다. 무조건 쓸모를 찾아주기를 바라는 학생에게 나는 이렇게 다시 되묻는다.

"너, 컴퓨터 게임할 때 조작키 공부하는 건 재밌지 않아?"

그러면 백이면 백, 다 이렇게 답한다.

"그건 당연하죠!"

조작키를 공부해 익히면 그 게임을 훨씬 더 잘 즐길 수 있기 때문이리라. 이게 바로 영어가 가져다주는 '쓸모'다.

컴퓨터 게임의 언어는 조작키다. 이를테면 'x'는 공격, 'c'는 방패, 'v'는 특수 방패 같은 식이다. 조작키를 제대로 익히면 훨씬 효과적으로 적을 물리치고 게임을 재미있게 즐길 수 있다. 영어도 마찬가지다. 영어는 미국인의 언어다. 거기서 조금 더 나아가 전 세계인의 언어도 영어다. 그럼 이 영어를 제대로 공부하고 익힌 후 전 세계 사람과 대화하면 훨씬 더 즐겁지 않을까?

직접적인 대화가 아니라도 좋다. 영어 유머는 번역본보다 원어로 보는 게 제 맛이고, 영어를 쓰는 영화는 더빙본보다 원본 그대로 보는 게 더 몰입감 넘친다. 영어를 쓰는 식당에 가서도 영문 메뉴판을 영문 그대로 읽으며 음식을 상상하는 편이 더 생동감 넘치지 않겠는가. 이런 게 영어가 가져다줄 수 있는 쓸모다.

내가 영어에 관심을 가지게 된 계기는 영화 〈해리 포터〉였다. 소설책으로도 정말 재미있게 읽었는데, 스크린 속에서 화려하게 펼쳐지는 장면을 보니 더 빠질 수밖에 없었다. 영화를 보고 나오면서 엄마를 졸라 〈해리 포터〉 테이프를 샀고, 그 다음 날부터 매일 밥을 먹을 때마다 테이프를 반복해 들었다. 영화의 장면들이 테이프 속 성우 목소리로 등장하자, 책의 내용이 눈앞에 생생히 펼쳐졌다. 한동안은 나도 혹시 마법사는 아닐까 싶어 밤마다 이불을 뒤집어쓰고 '루모스!'를 외치기도 했으니, 나도 어지간히 '해리 포터 빠돌이'였다.

그러던 중 영어를 잘 못하는 친구와 같이 〈해리 포터〉 더빙판 영화를 보러 가게 되었다. 그런데 이게 웬일인가. 그렇게 재미있던 영화가 재미가 덜하고 어색하기만 한 게 아닌가. 분명 영어를 쓸 것 같은 외국인의 얼굴을 하고, 입 모양도 분명 영어를 말하고 있는데, 정작 들리는 건 한국어였다. 뭔가 이상한 불협화음을 듣는 것 같았다. 그때 확실히 알았다. 외국 영화는 원본 그대로 봐야 제맛이라는 걸.

외국인과 직접 대화할 일이 일생에 한 번도 없을 수도 있다. 그렇다고 '영어 따위 배워봤자 쓸모없어'라는 결론으로 훌쩍 넘어가지 않았으면 한다. 적어도 영어를 제대로 공부하고 익히면 외국 영화를 진짜 재미있게 보고 즐길 수 있다. 언어를 배움으로써 내 세계가 조금이나마 넓어지는 거다.

요즘은 SNS도 전 세계적으로 연결되어 있다. 조금만 활동을 하면 외국인 친구들이 하나둘 생기는 게 너무나도 당연해진다. 내게 관심을 가지고 내 게시물에 영어로 댓글을 단 사람에게 제대로 된 답변 하나 못 한다면 너무 속상하지 않겠는가. 영어를 책 속의 학문으로 한정해 생각하지 말았으면 한다. 국어가 그렇듯, 영어 또한 누군가와 즐겁게 소통하기 위한 도구다.

Point 3_문법, 무조건 외우지 말고 뉘앙스 파악하기

"저는 문법 문제만 나오면 못 풀겠어요. 어차피 영어는 절대 평가니까 문법은 그냥 버리려고요."

"외국인한테 풀게 해봐도 못 푸는 수능 문법 문제가 있더라고요. 아니, 제가 그걸 어떻게 맞혀요?"

많은 학생들이 세세한 문법 이론을 모조리 암기해야 하는 줄로만 안다. 그러나 그런 학생들에게 나는 늘 되묻는다. 너는 대한민국의 법을 모조리 암기하느냐고. 법을 하나하나 뜯어 세세히 암기하지 않더라도, 우리는 어떤 행위가 불법이고 어떤 행위가 합법인지 안다. 이를테면 타인의 물건을 훔치는 행위는 불법이고, 보행자 신호가 초록색일 때 횡단보도를 건너는 건 합법이다. 타인의 사진을 함부로 찍어 유포하는 건 불법이고, 출처를 명확히 밝혀 인용하는 건 합법이다.

대한민국 법을 모조리 암기하지 않았음에도 불구하고 어떤 행위가 합법이고 어떤 행위가 불법인지 구분할 수 있는 이유는 무엇일까? 오랫동안 그에 맞추어 살아온 경험 덕분이다. 대한민국에서 십수 년간 몸으로, 머리로, 귀와 눈으로 부대꼈기 때문에 합법과 불법의 경계가 우리의 인지 체계 속으로 깊게 들어와 안착한 것이다. 다시 말하면 법을 훈습한 셈이다.

영어 문법 또한 일상 속에서 많이 부대껴봐야 한다. 여러 매체를 통해 많은 글과 문장을 접할 때 합법과 불법의 경계가 훈습으로 배어드는 것이다. 여러 문장을 접하면 굳이 문법을 외우지 않아도 잘못된 문장을 뉘앙스로 파악할 수 있게 된다. 마치 우리가 "그물건은 필요 안 해."라는 문장을 듣자마자 '이상한데? '필요 없어' 아니야?'라고 즉각적으로 느끼는 것과 비슷하다.

여러 문장에 부딪쳐가며 영어 표현에 익숙해지면 문법 문제의 보기만 읽어도 어딘가 어색한 부분이 눈에 확 들어온다. "I like happy."라는 문장을 보고 '어? 이거 좀 어색한데?' 하고 뉘앙스로 느끼는 것이다. 이 문장이 왜 틀렸는지를 따지기 위해 'like 뒤에는 동명사나 to부정사가 들어와야 하는데 happy는 동명사가 될 수 없으니 to부정사를 써서 'I like to be happy'라고 하는 게 맞지. 그러니까 이건 틀린 문장이야'라고 짚어나갈 필요조차 없다. 그냥 보자마자 어색함을 느끼기 때문이다.

Point 4_적극적인 영작으로 까다로운 고급 문법 잡기

물론 문법을 이론적으로 공부할 필요가 전혀 없다는 건 아니다. 대한민국에 오래 살며 법을 체득해온 우리도 합법일지 불법일지 애매한 행동들을 맞부닥치니 말이다. 영어 문법도 다르지 않다. 누가 봐도 불법인 문장이 존재하는가 하면, 판단하기 애매해서 영문법을 조목조목 짚어가며 이론적으로 살펴야 하는 때도 있다.

여기서 중요한 점은 '판단하기 애매한 상황'을 '우연히' 맞닥뜨릴 때까지 수동적으로 기다려서는 안 된다는 점이다. 그냥 문제집에 나온 문법 문제만을 풀면서 내가 모르는 게 나오기만을 기다리지 말라는 소리다. 스스로 문장을 만들어보고 능동적으로 사고하며 문장의 합법성을 판단하기 애매한 상황을 만들어보는 것이다.

문법도 '법'이다. 법을 지키며 사는 것은 그다지 어렵지 않다. 타인의 행동의 합법성을 판단하는 것도 어렵지 않은 일이다. 그러므로 문법을 지켜 영어 문장을 작성하고, 문장의 합법성을 판단하는 것 또한 대단히 어렵고 난해한 무언가가 아니다. 영어 문장과 부단히 부대껴보고, '판단이 애매한 부분'을 능동적으로 찾아, 이에 대한 이론을 살펴보는 것. 이 과정을 통해 문법은 '대한민국 헌법'처럼 우리의 삶 속으로 배어들 것이다.

실전 시험 TIP

다음은 2017년 수능에 나온 지문이다. 내가 실천해 온 영어 지문과 대화하는 방법도 함께 실었으니 본인의 대화 방법과 비교해 보기 바란다. 여기서, 영어는 국어와 달리 지문과 대화를 꺼리는 사람이 많다. 한국어도 아닌 영어로 반응하면서 이해한다는 게 어려울 수 있다. 하지만 꼭 영어 실력이 좋아야만 대화가 가능한 건 아니다. 처음에는 아주 단순하게 "Really?", "Are you sure?"처럼 리액션만 하거나 짧은 문장으로 대화해도 괜찮으니, 일단 시도해보자. 하면 할수록 영어에 대한 부담감도 함께 사라질 것이다.

Hi~ What are you going to tell me today?

Evolution works to maximize the number of descendants that an animal leaves behind.

Oh evolution! That's what you're going to talk today! Hmm······. I've heard Darwin's 'natural selection' theory so it's very easy to understand your words.

Where the risk of death from fishing increases as an animal grows, evolution favors those that grow slowly, mature younger and smaller, and reproduce earlier.

This is exactly what 'natural selection' is talking about!

This is exactly what we now see in the wild.

I think I've already seen this kind of change······!

I realize the size of salmon is getting smaller. :(

Cod in Canada's Gulf of St. Lawrence begin to reproduce at around four today; forty years ago they had to wait until six or seven to reach maturity.

Oh! It's a bigger difference than I thought. Is there any possibility getting mature earlier means dying earlier? If it's true, then that's too bad······. Poor cod······.

Sole in the North Sea mature at half the body weight they did in 1950.

Even Sole?!! Human affects other species more than I thought...! If the size of animals gets smaller, is there any problem to reproduce?

Surely these adaptations are good news for species hard-pressed by excessive fishing?

Hmm······. I think not······. If human being became

mature earlier, like somewhere around seven, or average height were around 90cm because of other predators, I think it's not good news. But maybe……. it could be good news in terms of reproducing and preserving the species from extinction…….

Not exactly.

Oh, it's not good news……! My first guess was right! Then, does it mean that it's not good news in terms of reproducing and preserving the species from extinction?

Young fish produce many fewer eggs than large-bodied animals, and many industrial fisheries are now so intensive that few animals survive more than a couple of years beyond the age of maturity.

Then it means that cod and sole reproduce fewer eggs compared to the past, which could lead to their extinction! Ahh……, It's so sad. I feel very sorry.

Together this means there are fewer eggs and larvae to secure future generations.

Oh no……! We should stop excessive fishing before

they really extinct!!!

　In some cases the amount of young produced today is a hundred or even a thousand times less than in the past, putting the survival of species, and the fisheries dependent on them, at grave risk.

　What?!! That much?? I didn't expect it! For the diversity of species and sustainable ocean ingredient, we definitely have to stop excessive fishing right now!

나는 이런 식으로 영어 지문 또한 국어처럼 차근차근 읽으며 깊이 있게 대화하려 노력했다. 보면 알겠지만 아주 어려운 수준의 영작은 아니다. 그저 대화의 핑퐁이 가능한 정도다. 물론 처음에는 이 정도도 어려울 수 있다. 나도 처음부터 이렇게 잘 말한 것은 아니다. 그러니 일단 반응하고 대꾸해보자. 리액션부터 시작해도 좋다. 화려하고 멋들어진 문장을 만들려고 노력하기보다 말하고자 하는 바를 단순하게라도 전달한다는 데 초점을 맞추었으면 한다.

과학탐구 :
호기심 되살리기

Point 1_세상의 모든 현상에 물음표를 던져라

과학은 조금 까다로운 과목이면서 동시에 공부의 본질을 가장
잘 드러내는 과목이기도 하다.

[1] 과학을 왜 공부하는가?

답은 아주 원초적이면서도 본질적이다. '호기심' 때문이다. 이
세상을 이해하고자 하는 호기심. 해는 동쪽에서 떠서 서쪽으로 지
고, 달은 한 달 주기로 모양이 바뀐다. 아주 예전부터 인류는 경험
을 통해 쌓아올린 만고불변의 지식을 자손에게 대대손손 전파했

다. 사과는 땅에 떨어지고, 부모와 자식은 생김새가 닮았다는 것도 오랜 경험의 산물이었다. 하지만 원래부터 그런 거라는 믿음에 "왜?"라는 질문을 던진 자손 덕분에 인류는 천체를 탐구할 수 있었고, 만유인력을 발견했으며, 유전학을 연구해 생명을 연장할 수 있었다. 과학은 단순한 순응을 넘어서 대상을 이해하고자 하는 호기심 덕분에 발전했다. 그러니까 과학이라는 학문은 궁극적으로 이 한 단어로부터 시작되는 학문이다.

"왜?"

환경에 적응하기 위한 인류의 진화는, 앎을 통해 세상을 더 넓고 깊게 이해하려는 방향, 즉 호기심을 토대로 두뇌 활동을 활발히 하는 방향으로 나아갔다. 바로 여기서부터 '과학'이, 보다 본질적으로는 '공부'가 시작되는 것이다. 그러니 '과학을 왜 공부하는가?'에 대한 답은 이렇다.

"세상을 이해하고자 하는 데에서 오는 원초적인 호기심 때문이다."

[2] 과학이라는 과목이 내게 요구하는 능력은 무엇인가?

과학이 어떤 과목인지 알았다면 두 번째 질문에 답하기는 어렵지 않다. 과학이 요구하는 능력은 무엇일까? 그렇다. 세상을 단순히 납득하지 않고 이해하려 드는 '탐구력'이 핵심이다. 물론 이에 더불어 포기하지 않고 끝까지 답을 찾으려 하는 '끈기', 기존의 틀을 깨고 새로운 가설을 펼칠 수 있는 '창의력', 가설 검증을 위한 실험을 꼼꼼히 수행할 수 있는 '철저함', 검증 결과 자신의 가설을 얼마든지 기각할 수 있는 '대담함'과 연구자로서의 '양심' 같은 능력도 중요할 것이다. 그렇지만 가장 중요하고 본질적인 것은 누가 뭐라 해도 탐구력이다. 모든 자연 현상에 '왜?'라는 의문을 품는 것이 과학이라는 학문 그 자체이니 말이다.

[3] 탐구력을 기르기 위해 나는 어떤 훈련을 해야 하는가?

바로 여기서 '허물기 학습'이 다시 등장한다. 과학은 단순한 암기 혹은 납득이 아닌, 이해에 그 본질이 있다. 따라서 쌓기 학습보다는 허물기 학습으로 공부해야 한다. 허물기 학습이 뭐라고? 그렇다. 원래 알고 있던 '기존의 도식', 즉 '선이해'를 두 가지 방식으로 부정하는 식의 학습이다. 바로 이렇게 말이다.

① "내가 알고 있던 게 사실 거짓일 수도 있어!"
② "사실은 제대로 알고 있던 게 아니라 알고 있다고 착각했을 수도 있어!"

과학의 발전은 늘 이런 질문에서 시작되었다.

가벼운 물건일수록 더 천천히, 무거운 물건일수록 더 빨리 떨어질 것이라 당연스럽게 여기던 시절, 갈릴레오 갈릴레이는 '정말 그럴까?'라는 다소 불손하면서도 획기적인 질문을 던질 줄 알았다. 허물기 학습의 첫 번째 방법처럼 말이다. 그는 일명 '피사의 사탑 실험'이라 불리는 실험을 통해 실제로 이 실험을 수행하지는 않았다고 전해지기도 한다 물체는 무게 혹은 질량와 관련 없이 동일한 가속도로 떨어진다는 원리를 밝혀냈다. 코페르니쿠스도 빠뜨리면 서운한 허물기 학습의 대가다. 지구가 온 우주의 중심이라 믿던 시절, 그는 '정말 그럴까?'라는 의문을 갖고 탐구하여 지구가 우주의 중심이 아니라는 것을 밝혀냈다.

세상이 많이 발전해 과학이 신의 영역에 도전할 만한 위치에 올라섰지만, 아직 자연계의 모든 영역이 속속들이 밝혀진 건 아니다. 인류는 지금도 우주의 끝을 찾아 헤매고 있고, 바다 속 깊은 곳에는 아직 미지의 영역이 수두룩하다. 심지어 우리가 의심 없이 믿어온 사실이 허물기 학습을 통해 새롭게 뒤집히는 일도 있다. 이를테면 '원자'가 그렇다. 한때 원자란 더 이상 쪼개지지 않는 입자를 뜻했다. 그 시절의 과학자들은 이제 원자에 대해 더 밝혀낼 것이 없다고 믿었다. 그러나 '정말 그럴까?'라는 호기심에서 시작된 면밀한 연구와 우연한 발견을 통해 '사실은 제대로 알고 있던 게 아니라 알고 있다고 착각했을 수도 있어!'라는 질문이 던져졌고, 그 결과 양성자와 중성자, 전자의 정체가 밝혀졌으며 이것들을 구성하는 '쿼크'의 존재까지 밝혀졌다.

가끔 과학은 쓸모가 있어야 한다고 착각하는 학생들이 있다. 여기서 쓸모는 꼭 돈벌이가 아니더라도, 인류에 이득을 가져오는 무언가를 의미한다. 또 과학과 기술을 혼동하는 학생도 있다. 그렇지만 과학이라는 학문의 본질은 그런 게 아니다.

갈릴레오 갈릴레이가 피사의 사탑 실험을 할 때, "내가 이걸 알아내서 이렇게 써먹어야지!"라는 생각을 가졌겠는가? 뉴턴이 만유인력을 깨달았을 때 "이게 분명 돈벌이가 될 거야!"라는 생각을 했을까? 코페르니쿠스가 우주의 중심은 지구가 아니라는 사실을 알아냈을 때 "이걸로 인류에 어떠한 이득이 있겠군!"이라는 생각을 했겠는가? 당연히 아닐 것이다.

과학을 공부하는 이유는 쓸모에 있지 않다. 심지어 성적에 있는 것은 더더군다나 아니다. 쓸모나 성적은 단지 부수적인 것일 뿐, 그 핵심은 세상을 이해하고자 하는 원초적 호기심에 있다. 그러니 시험을 염두에 두지 말고, 성적을 잘 받아야 한다는 생각을 다 갖다 버리고, 그저 학문을 연구하는 학자의 자세로 모든 과목을 대했으면 한다. 그제야 비로소 진정한 공부의 즐거움을 느낄 수 있을 것이고, 바로 그것이 대학수학능력시험의 취지일 것이다.

과학은 이 세상을 이해하려는 원초적 호기심으로부터 시작되는 학문이고, 내부로부터 분출된 질문은 힘이 세다. 궁금증이라는 단어가 사라지기 전까지, 과학이라는 학문은 절대 없어지지 않을 것이다. 과학의 쓸모는 호기심의 충족, 그 자체다.

Point 2_교과서별 교집합이 아닌 합집합으로 공부하기

과학을 '탐구'해보겠다는 마음가짐이 잡혔다는 것을 전제로, 내가 고등학생 때 과학을 공부했던 구체적인 방법을 이야기해보 겠다.

사실 '순수 수학'과 '수능 수학'의 결은 같은 반면, '순수 과학'과 '수능 과학'은 조금 결이 다른 것이 현실이다.

정의과 공리로 근본까지 이해하여 꿰뚫을 수 있는 수학과 달리 과학은 근본까지 이해할 수 없는 게 특징이다. 따라서 현재 밝혀진 수준의 설명 방식을 '암기'해야 한다. 그러다 보니 수능 시험 문제로 낼 수 있는 깊이의 한계가 존재할 수밖에 없다. 수학은 개념 자체에 깊이가 있어 그 개념의 흐름을 꿰뚫어야 풀 수 있는 문제가 주를 이루지만, 과학은 그보다는 얕은 개념을 복잡하게 꼬아 내는 데 집중하는 경향이 있다.

배배 꼬인 질문에 제대로 된 답을 내리려면 개념부터 확실히 다져두어야 한다. 그래서 나는 우선 시중에 파는 다양한 출판사의 과학 교과서를 몽땅 구매했다. 고등학교마다 사용하는 교과서가 모두 다르기 때문에, 수능 문제는 모든 교과서에 실린 공통된 내용으로 출제될 수밖에 없다. 그래서 가끔은 이런 얘기도 들었다.

"이 부분은 A교과서에 실려 있지만 B교과서에는 나와 있지 않은 내용이라 수능에 출제되지 않을 거야. 그러니 공부하지 않아도 돼."

하지만 나는 그런 말에 신경 쓰지 않고, 모든 과학 교과서 책날개 부분에 아주 작게 실린 개념까지도 꼼꼼하게 들여다보며 공부했다. 그러니까 모든 교과서의 '교집합'이 아닌 '합집합'을 내 것으로 만들기 위해 노력했다는 말이다.

그럼 모든 교과서의 합집합에 해당하는 내용을 '어떻게' 머릿속에 넣는 게 좋을까? 정답은 없겠지만 나는 모든 내용을 노트 한 권에 모아서 정리했다. 일단 특정 단원에 해당하는 모든 교과서의 내용을 전부 정독한다. 그다음 책을 덮고 나만의 언어로 설명해본 다음 충분하다 생각되면 노트를 한 권 꺼내 정리한다. 정리가 끝나면 그 단원의 교과서를 다시 펼쳐본 뒤 빠뜨린 내용이 있는지 살펴본다. 만약 빠뜨린 것이 있다면 다른 색 펜으로 채워 넣는다. 노트를 다시 정독하며 빠뜨린 내용까지 확실히 내 것으로 챙긴 뒤 그 노트를 덮고 새로운 노트를 한 권 꺼내 해당 부분의 내용을 '예쁘게' 정리한다. 이런 식으로 단원별로 정리해나가면 예쁘게 정리된 노트가 한 권 완성된다. 이 노트 내용을 완전히 내 것으로 만들었다면, 이제 마지막으로 그 노트를 덮고 새로운 노트를 한 권 꺼내서 처음부터 끝까지 전부 다 다시 정리해본다. 이렇게 노트를 단권으로 몇 번씩 만들면 모든 교과서의 세세한 내용까지 들어 있는 나만의 노트가 완성된다. 이 노트를 들고 수능 시험장까지 가는 것이다.

나는 이런 식으로 과학 개념을 내 것으로 만들었지만, 사람마다 방법이 다를 수 있다. 누차 말했듯 행위는 중요하지 않다. 그 이면의 마음가짐, 그러니까 '모든 내용을 편식하지 않고 전부 내 것으로 만들겠다는, 호기심으로부터 비롯된 의지'가 중요할 뿐이다. 그러니 꼭 나처럼 노트로 정리하지 않아도 괜찮다. 편식하지 않고 전부 자신의 것으로 만들겠다는 의지만 불태우면 된다.

Point 3_나만의 공식 노트로 까다로운 '킬러 문제' 잡기

"개념은 노트 정리로 해결될 것 같은데, 까다로운 문제는 단순히 개념만으로는 풀기 어려워요."

앞서 말한 얕은 개념을 복잡하게 꼬아 출제하는 문제 얘기다. 해가 거듭될수록 복잡하게 꼬아 출제하는 정도가 점점 심해져, 난이도가 계속 올라가고 있다. 이런 문제를 마치 '암살자'와 같다고 하여 '킬러 문제'라고 부르기도 한다.

과목당 30분이 주어지는 탐구영역에서 이러한 '킬러 문제'를 맞히기 위해 전전긍긍하다 다른 문제를 풀지 못해 시험을 망친 학생도 많다. 이런 일을 겪은 후 관련된 문제집만 수십 권을 푸는 학생이 있는가 하면, 처음부터 '이 문제는 버린다'고 마음먹고 아예 문제 자체를 풀지 않는 학생도 있다.

나라고 이런 상황에 직면하지 않았겠는가. 새롭게 꼬인 문제들을 볼 때마다 화가 나기까지 했다. 그렇다고 해서 이 시험을 안 칠 것도 아니고, 이렇게 낼 수밖에 없는 평가원의 입장이 이해가 안 가는 것도 아니라서 어떻게든 돌파구를 찾아내야만 했다. 내가 찾은 돌파구는 '나만의 공식 만들기'였다.

'공식'이라 해서 어려운 문제를 꿰뚫어 풀 수 있는 만능 공식을 만들었다는 말이 아니다. 오히려 '매뉴얼'에 가까운 단어라고 생각하면 좋을 것 같다. 좀 더 쉽게 설명하자면 어떤 상황이 닥쳐오더라도 당황하지 않도록 생각의 흐름 순서를 설정해놓은 것이다. 예를 들어 이런 식이었다.

1. '상황 A'인지 '상황 B'인지 판단한다. '상황 A'라면 2번으로, '상황 B'라면 3번으로 간다.
2. '상황 A' 중에서도 A-1인지 A-2인지 판단한 후, C인지 D인지 판단한다. C라면 2.1로, D라면 2.2로 간다.

⋮

이렇게 모든 상황에 대비한 생각의 흐름을 설정해두면 문제가 꼬여 나오더라도 당황하지 않고 차분히 생각의 흐름을 밟아나갈 수 있다.

실전 시험 TIP

실제로 내가 적어놓았던 공식 중 생명과학 I 가계도 개념에 대한 부분을 옮겨둔다.

< 가계도 분석 공식 >

0. 푸는 순서 및 알아야 할 것들, 반성 유전의 대원칙, 생각의 일반적 순서

1> 푸는 순서 및 알아야 할 것들

→ 문제에 주어진 형질(유전병)의 $\begin{pmatrix} \text{우성/열성} \\ \text{상/반성} \\ \text{유전자} \end{pmatrix}$ 를 판단하면 문제는 끝난다.

→ [우열 판단] ▶ [상/반성 판단] ▶ [유전자 판단]의 순서가 일반적이지만, 순서는 얼마든지 바뀔 수 있다.

2> 반성 유전의 대원칙

(1) 아빠의 X 염색체는 딸에게 무조건 간다. 따라서 다음의 두 명제가 성립한다.

① 아빠의 표현형이 우성이라면 딸의 표현형도 우성이다.

② 딸의 표현형이 열성이라면 아빠의 표현형도 열성이다.

(2) 아들의 X 염색체는 무조건 엄마에게서 온다. 따라서 다음의 두 명제가 성립한다.

① 엄마의 표현형이 열성이라면 아들의 표현형도 열성이다.

② 아들의 표현형이 우성이라면 엄마의 표현형도 우성이다.

(3) 위의 네 가지 명제를 정리해보면 다음과 같다.

※ [열성 여자]의 [아빠나 아들]의 표현형이 [우성]이라면 해당 형질

은 상염색체 유전이다.

3> 생각의 일반적 순서

→ 가계도 그림만 보고 우선 판단 ▶ 표 or 서술형 가계도 보고 판단

1. 우성 vs. 열성 판단 공식

0> 미운 오리 새끼(부모의 표현형이 동일한데 부모와 다른 표현형의 자식)의 표현형은 열성이다.

1> (DNA 상대량이) '1'인 여자(즉 이형접합인 여자)의 표현형은 우성이다.

2> '0 또는 2인 여자'의 형질이 부모나 자녀에게서 표현되지 않으면 그 여자의 표현형은 열성이다.

2-1> '2인 남자'의 형질이 부모나 자녀에게서 표현되지 않으면 그 남자의 표현형은 열성이며 상염색체 유전이다.

2-2> '0인 남자'의 형질이 엄마나 딸에게서 표현되지 않으면 그 남자의 표현형은 열성이다.

3> '0, 2' 부부의 딸에게서 표현된 형질은 우성이다.

2. 상 vs. 반성 판단 공식

1> 열성 여자의 형질이 아빠나 아들의 형질과 다르면 ⇒ 상

2-1> 열성 유전자를 1개 갖는 남자에게서 표현되면 ⇒ 반성

2-2> 열성 유전자를 1개 갖는 남자에게서 표현 안 되면 ⇒ 상

3> '0, 2' 부부의 자녀의 표현형이 다르면 ⇒ 반성

3-1> '0, 2' 부부의 자녀의 표현형이 다를 때, 딸의 표현형이 우성, 아들
의 표현형이 열성

4> '1'인 남녀의 표현형이 다르면 ⇒ 반성

4-1> '1'인 남녀의 표현형이 다를 때, 여자의 표현형이 우성, 남자의 표
현형이 열성

5> 열성 유전자를 0개 갖는 남자의 형질이 아빠나 아들의 형질과 다르
면 ⇒ 반성

3. 가계도 문제 제작의 원리에 기반한 풀이

1> 가계도만 가지고 푸는 문제 ⇒ 무조건 상염색체 유전이다.

→ 가계도만 주어진 경우, 해석할 때 반성 유전으로 해도 되는 경우는
모두 상염색체 유전으로 해도 말이 되기 때문이다. 즉, [상염색체 유전
으로 표현 가능한 가계도]의 범위가 [반성 유전으로 표현 가능한 가계

도]의 범위보다 넓기 때문이다.

2> 유전병 중 하나가 내가 아는 유전자에 연관된 문제 ⇒ 단서가 불충분한 유전병이 연관되어 있다.

→ 왜냐하면 만약 단서가 불충분한 유전병에 연관되어 있지 않다면 해당 유전병에 대한 정보를 알아낼 방법이 존재하지 않다는 것을 의미하므로 이는 문제 오류가 되기 때문이다.

4. ABO 혈액형의 혈청과 혈구 간 반응 원리에 기반한 판단 근거

혈청 \ 혈구	1	2	3	4
1	-	+	+	-
2	+	-	+	-
3	-	-	-	-
4	+	+	+	-

1단계> 특정 두 명의 혈청과 혈구 간 반응만을 보기 위해 아래 그림과 같은 2×2짜리 표를 보자.

이때, 네 칸

① 모두 '-'라면 그 두 명은 동일한 혈액형이다.

② 중 한 칸이라도 '+'라면 그 두 명은 다른 혈액형이다.

③ 중 두 칸이 '+'라면 그 두 명은 A형과 B형의 관계다.

2단계> 세 명 다 다른 혈액형임이 판정되면 [세로로 다 '-'인 줄] 혹은 [가로로 다 '-'인 줄]을 찾아서 [AB형] 혹은 [O형]임을 판단한다.

5. 결론 : 생각의 흐름은 다음과 같이 갖고 가자.

1> [우/열 판단 전] : [의미 있는 정보]와 [판단해야 할 사항]

(0) [미운 오리 새끼] ⇒ Why? ⇒ 그 사람의 형질 = 열성

(1) ['1'인 여자] ⇒ Why? ⇒ 이 여자의 형질 = 우성

(2) ['0'인 여자] or ['2'인 여자] ⇒ Why? ⇒ 부모나 자식 중 형질이

이 여자와 다른 사람이 있다면 이 여자 형질이 열성

(3) ['0, 2' 부부] ⇒ Why? ⇒ ① 딸의 형질 = 우성

⇒ ② 자녀의 형질이 다르면 = 반성 유전

(4) ['2'인 남자] ⇒ Why? ⇒ ① 부모나 자식 중 형질이 이 남자와

다른 사람이 있다면 이 남자 형질이 열성

⇒ ② 상염색체 유전

(5) ['0'인 남자] ⇒ Why? ⇒ 엄마나 딸 중 형질이 이 남자와 다른 사

람이 있다면 이 남자 형질이 열성

(6) ['1'인 남녀] ⇒ Why?

⇒ 이 둘의 형질이 다르면 ⇒ ① 반성 유전

⇒ ② 여자 형질 = 우성, 남자 형질 = 열성

2> [우/열 판단 후] : [의미 있는 정보]와 [판단해야 할 사항]

(1) [열성 여자] ⇒ Why? ⇒ 아빠나 아들의 형질이 다르면 ⇒ 상염색체 유전

(2) ['0, 2' 부부] ⇒ Why? ⇒ 자녀의 형질이 다르면 ⇒ 반성 유전

(3) ['1'인 남녀] ⇒ Why? ⇒ 이 둘의 형질이 다르면 ⇒ 반성 유전

(4) ['2'인 남자] ⇒ Why? ⇒ 상염색체 유전

> 유전자 판단 후 <

(5) [열성 유전자가 1개인 남자] ⇒ Why?

⇒ 남자 형질이 열성이면 ⇒ 반성 유전

⇒ 남자 형질이 우성이면 ⇒ 상염색체 유전

(6) 열성 유전자가 0개인 남자] ⇒ Why? ⇒ 아빠나 아들의 형질이 다르면 ⇒ 반성 유전

※ 위(1> [우/열 판단 전])에서부터 순서대로 찾다가 무엇인지 판단되면 아래 덩어리로 바로 내려온다.

※ 만약 위(1> [우/열 판단 전])의 생각을 빠짐없이 다 했는데도 [우/열] 판단이 안 되면 [상/반성]을 먼저 판단한다.

⇒ [반성 유전]이 안 되는 이유를 찾는다. (예를 들어 다음 그림과 같은 상황을 찾는다.)

(만약 [상염색체 유전]이 안 되는 경우였다면 [우/열 판단]을 하는 단계에서 이미 등장하여 [우/열] 판단이 가능했을 것이기 때문이다.)

열성 반성 X

(*색칠한 사람 = 유전병)   우성 반성 X

위와 같이 나는 '생각의 흐름 순서'를 정리한 나만의 공식을 만들었고, 이를 토대로 어떤 문제가 나오든 당황하지 않고 한 단계 한 단계 풀 수 있도록 준비했다. 많이들 '유명 인강 강사표 공식'을 그저 수동적으로 수용히곤 하는데, 그러지 말기 바란다. 그렇게 수동적으로 수용하기만 하면 그 공식이 나오게 된 배경, 그러한 공식을 만들어내기까지의 고민의 과정이 내 것이 되지 않는다. 고민의 과정을 통해 공식의 배경과 요소를 제대로 이해하고 있어야 어떤 문제가 와도 풀 수 있다.

사회탐구 :
올라가고 내려가기 학습

Point 1_일단 올라가 원리를 찾고, 그 다음 내려가 새로운 논리 펼치기

마지막으로 사회탐구에 대해 살펴보자. 학문의 전개 과정은 크게 두 가지로 나뉜다.

① 근본 원리로부터 다양한 논리를 통해 뻗어 내려가는 방향
② 다양한 사례로부터 근본 원리를 찾아 올라가는 방향

결론부터 말하자면 사회탐구는 ①과 ② 두 가지 방향 모두를 병

행하는 학문이다. 이게 무슨 뜻일까? 앞서 다른 과목들을 살펴봤던 것처럼 사회탐구도 세 가지 질문에 답하며 더 자세히 이야기해보자.

[1] 사회탐구를 왜 공부하는가?

이에 대해 답하려면 사회, 혹은 사회탐구가 어떻게 만들어진 과목인지 알아야 한다. 사실 과목 이름에서부터 드러나듯, 이 과목은 '사회'에 대해 탐구하는 학문이다. 그런데 사회가 무엇인가? '사람들이 모여 만들어진 집합체' 아닌가. 따라서 사회를 탐구한다는 말은 다시 말해 '사람들의 모임'을 탐구한다는 말이다. '왜 이 사람들이 모였고, 그들은 어떤 방식으로 집단을 운영했으며 그 방식은 현재로 오며 어떻게 바뀌었는지'를 탐구한다든가, '다른 사람의 것을 훔치면 왜 어딘가 마음이 불편한지, 다양한 가치 중 왜 생명을 우선시하는지, 궁극적으로 우리 모두는 왜 이러한 공감대를 갖고 있는지'를 탐구하는 식이다.

앞에서 살펴본 학문의 전개 과정으로 설명해보자면 ①과 ② 중에서 ②의 방향에 해당한다. 그러니까 사람들이 모여 만들어진 다양한 사회와 그 속에서 일어나는 여러 가지 현상들을 보고, 그 현상이 발생하게 된 원리가 무엇인지 찾아 '올라가는' 과정이라는 것이다. 조금만 더 가보자.

사회라는 학문은 여기서 끝나지 않는다. 과거와 현대의 다양한 사회와 그 속에서 일어나는 다양한 현상들의 원리를 찾고 그것을 통해 미래 사회를 예측하거나, 현재 문제 되는 상황 및 문제가 되리라 예상되는 상황에 대한 해답을 제시하는 것까지가 사회라는 학문이 추구하는 바다. 그러니까 '과거에서 현재로 오며 사회는 이러한 방식으로 변해왔고, 그 원리는 이것이므로 미래의 사회 모습은 이러한 방향으로 변할 것이다'라거나, '다양한 가치 중 인간은 이러한 가치를 최우선으로 여기는 경향이 있는데, 그 원리는 이러하다. 따라서 현재 문제 되거나 미래에 문제가 되리라 예상되는 상황에 대한 해답은 이러하다'와 같은 식이다. 앞에서 살펴본 학문의 전개 과정으로 설명하자면 ①과 ② 중에서 ①이다. 그러므로 다양한 사회 및 그 속에서 발생하는 현상들을 설명할 수 있는 원리를 탐구한 후, 그것을 가지고 다시 논리를 펼쳐 '내려가는' 과정이다. 따라서 사회라는 과목을 학습하는 이유는 이렇다.

"사람과 사회를 이해하고 이를 통해 미래를 예측하거나 문제에 대한 해답을 제시하는 게 재미있어서."

[2] 사회라는 과목이 내게 요구하는 능력은 무엇인가?

그럼 이제 두 번째 질문에 답해보자. 사회가 어떤 과목인지 앞에서 알아봤으니 이 질문에 대해 답하기는 어렵지 않다. 해당 과목이 내게 요구하는 능력은 복합적인데, '호기심', '통찰력', '공감 능력', '논리력'이다.

우선 사람과 사회에 대해 이해하고자 하는 '호기심'이 우선이다. 그래야 다양한 사회 현상의 원리를 찾아 올라가려는 욕구가 생긴다.

그렇지만 '답'이 객관적으로 정해져 있는 과학과는 달리 사회는 '사람'에 대한 학문이기에 그 '답'이 객관적으로 정해져 있지 않다. 다른 말로 하면, 과학은 해당 가설에 대한 검증이 가능하지만 사회는 가설에 대한 검증이 불가능하므로 '통찰'을 통해 원리를 찾아 올라가는 방법으로 전개해야 한다. 따라서 '통찰력'이 두 번째로 필요한 능력이다.

통찰을 잘하기 위해서는 어떤 능력이 필요할까? 바로 '공감 능력'이다. 사회는 사람의 모임인 만큼, 사람에 대한 깊은 이해가 필요한데, 이 마음은 '사람에 대한 깊은 공감 능력'에서 비롯된다. 시대와 지역을 막론하고 사람에게 깊이 공감하면 해당 사회 및 다양한 현상을 꿰뚫는 원리를 제시할 수 있다.

사회 과목은 원리를 찾아 올라가는 것만으로 끝나지 않는다. 원리를 찾았다면 이제 그 원리를 기반으로 논리를 전개해 내려가며 미래 사회를 예측하거나, 다양한 문제 상황에 대한 해답을 제시해야 한다. 여기에서 설득력을 갖추기 위한 '논리력' 또한 필수적인 능력이다.

정리해보자면 이렇다.

"사회라는 과목이 내게 요구하는 능력은 '호기심, 통찰력, 공감 능력, 논리력'이다."

[3] 이러한 능력들을 기르기 위해 나는 어떤 훈련을 해야 하는가?

이제 마지막 질문이다. 사람과 사회에 대해 이해하고자 하는 호기심, 그 원리를 알아내는 통찰력, 이에 도움을 주는 공감 능력, 마지막으로 논리력의 향상을 위하여 나는 어떤 마음가짐을 갖고 어떤 훈련을 해야 하는가?

가장 먼저 필요한 것은 바로 '그 무엇도 당연하게 여기지 않는, 나와 사회에 대한 메타인지'다. 앞서 메타인지란, '나'를 '제3자의 시선'으로 바라보는 행위를 의미한다 했다. 모든 인간은 '내가 속한 사회의 눈'으로만 세상을 바라보기 마련이다. 만약 '사회에 대한 메타인지'를 발휘한다면 '제3자의 눈', 그러니까 객관적인 시선으로 세상을 바라볼 수 있게 되고, 자신이 속한 사회마저도 객관적인 눈으로 바라보며 어떠한 생각도 '당연하게' 여기지 않을 수 있게 된다.

'왕에게 무조건 복종하는 사회'에 속해 있다고 생각해보자. 의식적으로 메타인지를 발휘하지 않는다면 당신은 왕에게 복종하는 게 너무나 당연하여, 그렇게 생활하지 않는 사회를 '이상한 시선으로' 바라볼 것이다. 또 당신이 '잘못을 저질렀다면 무조건 사형에 처하는 사회'에 속해 있다면 잘못을 저지른 사람을 죽이는 게 너무나 당연하게 느껴질 것이며, 그에 대한 어떠한 문제의식도 갖고 있지 않을 것이다.

그러나 만약 당신이 '사회에 대한 메타인지'를 발휘할 수 있다면 '왕에게 무조건 복종하는 사회'를 '제3자의 시선'으로 바라보고, 이것이 당연하지 않다는 사실을 발견할 수 있을 것이다. 또 당신이 '나에 대한 메타인지'를 발휘할 수 있다면 '잘못을 저지른 사람을 무조건 사형에 속하는 사회' 속에 속해 있기는 하나 그 사회 내부의 '공감대' 혹은 '통념'을 제3자의 객관적인 시선에서 바라볼 수 있을 것이다.

이렇게 무엇도 당연하게 여기지 않는 것이 '호기심, 통찰력, 공감 능력'의 향상에 있어 중요한 훈련이 되겠다.

Point 2_일상의 토론으로 논리력 끌어올리기

그럼 '논리력'은 어떻게 기를 수 있을까? 방법은 너무나 다양하겠지만 '토론'은 아주 좋은 방법이다.

나는 어릴 때부터 주변 사람들과 다양한 주제로 토론하는 걸 즐겼다. 예를 들어 '동물실험은 계속되어야 하는가?', '지구 온난화는 인간의 탓일까?', '민주주의는 무조건 옳은가?', '생명보다 중요한 가치는 없다면서 동시에 사형제도의 부활을 외치는 것은 정당한가?' 같은 주제들이었다. 가족들과 둘러앉아 밥을 먹으면서 이런 토론을 한 적도 종종 있었고, 친구들과 체험학습을 가던 버스 안에서 토론을 한 적도 있다. 토론하는 과정은 즐거움의 연속이었으며, 그 과정에서 나의 논리가 점점 날카로워지는 것을 느꼈다. 신기하게도 머릿속으로는 논리적이라 생각했는데 말로 내뱉으니 논리적이지 않은 사실을 깨닫는 경우도 많았다. 복잡한 논리의 흐름 속에서 사소한 오류를 찾아낼 때나 그 오류를 꼬집는 반례를 들었을 때는 짜릿한 쾌감까지 느껴졌다.

물론 토론 외에도 방법은 다양하게 있겠지만 선대의 수많은 철학자가 서로 대화하고 토론하며 더욱 깊은 철학으로 뻗어갈 수 있었던 것처럼, 토론은 논리력 기르기에 정말 좋은 훈련이다.

암기 과목에 대한
오해

Point 1_무턱대고 외우지 말고 이해하면서 삶에 녹이기

'암기'라는 말을 들으면 어떤 생각이 드는가? 혹시 '바람직하지 않은 학습의 표본', '대한민국 입시제도의 폐해', '주입식 교육'과 같은 부정적인 생각들이 들지는 않는가?

"저는 이해하고 논리적으로 푸는 건 자신 있는데 무작정 외우는 건 정말 싫어요. 이런 교육을 바꿔보자고 교육 과정 개편이 있는 거 아니에요?"

나는 이런 말을 의외로 상위권 학생들에게 듣는다. 또 이렇게 말하는 학생도 있다.

"그냥 인터넷 쳐보면 다 나와 있는데, 왜 외워야 하는지 모르겠어요. 이거야말로 등급 매기기를 위한 공부잖아요."

많은 사람들은 암기에 대해 두 가지 오해를 하고 있다. 첫 번째, 암기는 무조건 나쁘다는 오해이고, 두 번째, 암기와 단기 기억을 착각하는 오해이다. 그리고 첫 번째 오해는 바로 두 번째 오해에서 비롯된다.

우선 암기와 단기 기억은 동의어가 아니다. 많은 학생들이 착각하는 부분인데, 특히 영어 단어나 역사적 지식을 외울 때 이런 착각이 자주 벌어지곤 한다. 영어 단어 시험을 치기 10분 전에 단어장을 급하게 펼쳐 들고 어떻게든 단기 기억 속에 욱여넣기 위해 애쓴다. 시험이 시작되기 전 5초가 남은 시점까지도, 책을 집어넣으라는 선생님의 말씀이 들림에도 불구하고 끝까지 책을 붙잡고 있으니 말이다.

조선 시대 선비들이 관직에 오르기 위해 과거시험을 쳤다는 것은 다들 잘 알고 있을 것이다. 이 시험을 치기 위해서 선비들은 성리학 관련 책, 유교 경전 등을 기본적으로 암기해서 쓸 수 있어야 했다. 그런데 임금이 선비들에게 요구했던 것이 과연 단기 기억 능력이었을까? 당연히 아니다. 성리학적 정신이나, 인의예지仁義禮智와 같이 유교의 근간이 되는 정신을 완전히 '자신의 것'으로 만들고 백성을 위해 펼치기를 바랐을 것이다.

암기는 단기 기억이 아니다. 암기의 본질은 '억지로 뇌 속에 집어넣는 행위'가 아니라 '저절로 삶 속으로 녹아드는 행위'다. 생각해보면 '내 이름'이라는 정보도 아기였던 우리에게는 암기의 대상이었을 것이다. 하지만 우리는 자신의 이름을 단기 기억으로 처리하지 않았다. 억지로 뇌 속에 집어넣으려 애쓴 게 아니라 '내 이름'이라는 정보가 '앎'을 넘어 '삶' 속으로 녹아든 것이다. 이것이 바로 암기의 본질이다.

사실 암기는 이해와 함께 학습의 양대 산맥을 이룬다. 암기 없이는 무엇도 이해할 수 없다. 암기 없는 이해는 그저 허공을 부유하는 '앎'일 뿐이며, 반대로 이해 없는 암기는 빈껍데기일 뿐이다. 한자 뜻만 봐도 그렇다. '학습學習'은 '배울 학學'에 '익힐 습習'을 쓰는데, 여기서 '배우다'는 이해로, '익히다'는 암기로 해석할 수 있다.

학습의 즐거움은 '내 세상이 더 넓어지고 깊어지는 느낌'에서 온다. 만약 암기 없이 이해만 한다면 그 즐거움은 순간적으로만 느껴질 뿐, 궁극적으로 내 세상이 넓어지거나 깊어지지 않는다. 이해한 내용을 암기를 통해 나의 삶으로 들이지 않았기 때문이다. 반대로 이해 없이 암기만 하는 것 또한 반쪽짜리 즐거움이다. 내 세상이 넓어지기만 했을 뿐, 깊어지지 않았기 때문이다. 궁극적인 학습

의 즐거움을 느끼려면 우리는 암기와 이해, 이 양대 산맥 모두를 제대로 정복해야 한다.

수능 시험이라고 다르지 않다. 애초에 학문을 학습한다는 말 자체가 '제대로 이해하고 그것을 완전히 자신의 것으로 만드는 과정'이고, '수능'을 풀어 말하자면 '대학수학능력시험', 그러니까 '대학에 가 학문을 수행하는 데 필요한 능력을 갖추고 있는지를 평가하는 시험'이므로, 이해와 암기, 둘 모두를 제대로 정복해야 마땅할 것이다.

조금만 더 구체적으로 들어가보자. 앞서 언급했듯 학문의 전개 과정에는 두 가지 방향이 있다.

① 근본 원리로부터 다양한 논리를 통해 뻗어 내려가는 방향
② 다양한 사례로부터 근본 원리를 찾아 올라가는 방향

①의 방향으로만 전개되는 학문이 있다면, 그 학문은 가장 근본적인 원리를 제외한 모든 내용이 전부 이해의 대상일 것이다. 대표적인 예가 바로 수학이다. 수학에서는 근본적인 원리들, 그러니까 정의와 공리는 암기의 대상이지만, 그 이후의 모든 논리적 전개 과정은 이해에 그 본질이 있다. $A \to B \to C \to D \to E$의 순서로 논리가 전개될 경우, A는 암기의 대상이지만 나머지 B, C, D, E는 전

부 이해의 대상이라는 것이다.

반대로 ②의 방향으로만 전개되는 학문이 있다면 그 학문은 '현재까지 원리가 밝혀진 마지막 한계 지점'은 암기의 대상이지만, 거기서부터 전개된 나머지 이야기는 이해의 대상이 되겠다. 만약 A → B → C → D → E의 순서로 일이 발생해 학자들이 E부터 거꾸로 거슬러 올라가며 그 원리를 찾아나간다고 하자. 이때 학자들이 C까지만 거슬러 올라갔다면 C는 암기의 대상이고 그로부터 전개된 D와 E는 이해의 대상일 것이다. 그리고 아직 밝혀지지 않은 B와 A를 밝히기 위해 지금도 연구 중일 것이다. 이러한 학문의 대표적인 예가 과학이다. 그러니까 수학과 과학은 완전히 반대 방향의 학문이라는 이야기이다.

어떤 방향으로 이야기가 전개되든, 그 '시작 지점'은 암기의 대상이고, 거기서부터 뻗어나가는 이야기는 이해의 대상이다. 이를 다른 말로 하면, 이해의 시작은 암기라는 말이 되기도 한다.

그래서 수능 과학탐구 시험 문제에 특정 표나 그래프를 암기해야 풀 수 있는 문제들이 출제되는 것이다. 일단 밝혀진 내용 중 가장 상위의 내용은 암기의 대상이고, 여기서부터 나머지 이야기가 뻗어 내려간다. 즉 이 내용이 나머지 모든 내용 전개의 시발점이므로 해당 내용을 단원의 핵심 개념 중 하나로 선정하여 가르치고 시험 문제로 출제한다는 것이다.

이제 암기가 얼마나 중요한지 알겠는가? 모든 이해를 거슬러 올라가면 태초에 암기가 있다. 그러니 '암기 없는 이해'만을 꿈꾸지 말았으면 한다. '대한민국 교육의 폐해'라며 암기를 미워하지 말기 바란다.

이렇게 말해도 여전히 암기가 죽도록 싫은 학생도 있을 것이다. 그런 학생들은 아마 암기 자체가 싫다기보다는, 암기하는 방법으로 '억지로 머릿속에 욱여넣기'밖에 몰라서 그럴 수 있다. 혹시 '즐겁게 암기하는 방법'은 없을까?

Point 2_앎을 삶으로 끌어오는 법

어떻게 해야 암기를 더 잘할 수 있을까? 정해진 답은 없다. 깜지든, 카드 단어장이든, 마인드맵이든 자기에게 맞는 것을 찾아내기만 하면 된다.

나도 처음에는 다른 친구들처럼 공부해보려 했지만, 가만히 앉아서 수없이 적는 건 잘 맞지 않았다. 그래서 나만의 방법을 고안하기로 했다. 공부는 앎과 삶을 하나로 합쳐가는 과정이니, 암기 대상을 내 삶으로 끌어들이는 게 최선이라는 생각이 들었다.

예를 들어, 나는 역사를 공부할 때 크게 두 가지 방법을 사용했다. 첫째는 역사 속 인물에 공감해보는 것이고 둘째는 이를 나의 일상생활 속에 녹여보는 것이다.

이성계 장군의 위화도 회군에 대해 공부할 때, 이성계 장군의 오감에 공감해보았다.

"위화도 회군을 할 때 이성계의 눈에는 무엇이 보였을까? 어떤 색 털을 가진 말을 타고 있었을까? 그의 옆에는 누가 같이 있었을까? 어떤 색 옷을 입고 있었을까?"

"그때 이성계의 촉각은 무엇을 감지했을까? 그가 타고 있던 말의 털은 어떤 감촉이었을까? 그때의 온도는 어땠을까? 양력 6월 26일이었다는데, 그러면 많이 덥지 않았을까? 습했을까, 건조했을까? 아마 습했겠지? 비를 맞지는 않았을까? 장대비였을까, 가랑비였을까?"

"이성계의 코에는 어떤 냄새가 느껴졌을까? 혹시 비가 와서 비냄새가 나지는 않았을까? 흙길을 달렸을 테니 흙냄새가 났으려나? 그때는 목욕 시설이 잘 갖춰져 있지 않았을 텐데, 땀 냄새나 오래 못 감은 머리 냄새가 나지는 않았을까?"

"소리는 어땠을까? 말의 거친 숨소리가 들렸으려나? 병사들이 투덜거리는 소리는 안 들렸을까? 빗소리는 어땠을까? 6월이면 '맴- 맴-'거리는 매미 소리도 들리지 않았을까? 모기의 윙윙거리는 소리는 안 들렸으려나?"

이런 식으로 구체적이고 사소한 것들부터 하나씩, 역사적 인물에게 공감하다 보면 그 인물이 살았던 세상 속으로 들어가게 된다. 그러면 더 이상 역사가 딱딱하고 차가운 '지식'으로 느껴지지 않는다. 그때부터는 '앎'이 살아 숨 쉬는 '삶'이 된다.

일단 인물에게 공감한 후에는 이것을 일상생활에 녹이는 과정에 들어갔다. 이를테면 역사적 사건이 일어난 장소에 실제로 가본다거나, 혹은 가족이나 친구처럼 가까운 사람들에게 그때의 사건에 대해 설명해주며 그들도 그때의 이야기를 생생하게 느낄 수 있도록 해주는 식으로 말이다.

『해리 포터』시리즈 1권을 읽고 나서부터는 탄력을 받아 그 긴 시리즈를 쭉쭉 읽으며 마음껏 상상의 나래를 펴는 것처럼, 한국사나 세계사가 한 편의 재미있는 이야기책처럼 느껴지는 경지에 오르는 거다. 이런 재미를 느끼면 더이상 '역사 암기'가 두렵지 않다.

Point 3_암기는 평생의 동반자

대학만 들어가면 답답한 시험에서 벗어나고 주입식 교육에서도 놓여날 거라 생각하지만, 현실은 사뭇 다르다. 어느 학과를 가든, 학문의 토대가 암기로 다져진다는 데는 이견이 없다. 특히나 내가 들어간 의학과는 완전히 '차원이 다른' 암기를 요구한다. 의학의 기본이 되는 것은 해부학인데, 해부학의 99퍼센트는 암기라 말해도 무방할 정도다. 암기할 양이 정말로 많다. 짧게나마 설명해 보자면, 우리 몸을 이루는 구조물의 이름이 '한글 이름', '한자 이름', '라틴어 이름', 이렇게 총 세 가지 이름으로 쓰여 있는데 이것을 전부 다 외워야 한다.

간단하게 해부학의 기본이 되는 '골학骨學, 뼈를 연구하는 학문'부터 살펴보자. 성인의 뼈는 총 206개가 있고 각 뼈에는 특징적인 구조들이 있는데, 해당 정보를 모조리 암기해야 한다. 이뿐인가. 골학을 마스터하고 해부학으로 들어가면 이제 '뼈'에 '근육', '혈관', '신경'을 더하게 되는데, '근육'만 봐도 총 650개가 있고 각 근육의 '이는 곳', '닿는 곳', '신경지배', '혈액공급', '작용'을 모조리 암기해야 한다. 실로 막대한 암기량이다. 무식하게 외우려고만 하면 정말 밤을 새워도 못 외우는 양이다.

정말 무지막지하게 암기량이 많지만, 그럼에도 나는 각종 뼈와 근육, 신경과 혈관에 대해 암기할 때 이를 일상생활에 녹이고자 최선을 다했다. 그때는 정말 지나가는 사람들을 볼 때마다 어떤 신경의 작용으로 어떤 근육이 움직이고 있는지, 혹은 어떤 혈관이 보이는지 등의 생각을 끝없이 했다. 눈을 가만히 감고 있는 사람을 볼 때면 '아, 저 사람은 Palpebral part of orbicularis oculi muscle이 수축했군'이라는 생각을 한다거나, 턱걸이를 하는 사람을 볼 때면 '아, 지금 Latissimus dorsi muscle이 수축하고 있어'라는 생각을 하는 식이었다. 그렇게 하나하나 일상생활로 끌어오다 보니 수많은 구조물의 이름이 자연스레 '앎'을 넘어 나의 '삶' 속으로 들어왔다.

이것이 암기의 본질이다. 단순히 단기 기억 속에 '쑤셔 박는' 식의 학습이 아니라 역동적으로 자신의 삶 속에 녹아들게끔 하는 것. 이렇게 앎이 삶으로 넘어오면 그 후부터는 '까먹는다'는 말이 성립하지 않는다. 자신의 이름을 '까먹는 것'이 말이 되지 않는 것과 마찬가지다.

이제 다시 암기라는 말을 생각해보자. 어떤 기분이 드는가? 좀 다르게 보이지 않는가? 암기는 그 자체로 '나쁜 학습'이 아니다. '앎'을 넘어 '삶'으로 무언가를 들여놓는 행위. 이게 바로 암기 본연의 모습이다.

100점 맞고 후회하자.
너무 많이 공부했다고 후회할 정도로
공부하지는 말아라.

Chapter 5

아직도
방황 중이라면

마인드부터
공부습관까지 Q&A

✦ 꿈은 내뱉으면 그 순간부터 힘을 가지게 된다.
나에게, 타인에게, 온 세상에 약속한 것이니까.

Q1. 제가 저를 못 믿는데
할 수 있을까요? 못 할 거 같아요.

한 달에 대여섯 번은 꼭 받는 질문이다. 안타깝게도 학생들의 자존감이나 자신감이 많이 떨어지고 있는 듯하다. 새벽에 SNS 쪽지로 길게 고민을 남기는 그 불안한 마음, 충분히 이해한다.

그러나 앞서 말했듯 자신감은 원래 근거 없는 것이다. 가끔 '근자감'이라는 말로 깎아내리며 '근거 없는 자신감은 나쁜 것'이라는 이미지를 심는 사람들이 있다. 그렇지만 자신감이란 원래 근거가 없는 것이다. 과거에 해냈다고 미래에도 해낼 거라는 보장이 있는가? 당연히 없다. 반대로 과거에 해낸 적 없다는 사실이 미래에도 못 할 거라는 필연적인 결과로 이어지는가? 그 또한 아니다.

과거의 사건은 과거고, 미래에 다가올 사건은 미래의 일이다.

두 사건은 독립적인 건이다. 즉 앞의 성공 여부가 뒤의 성공 여부에 영향을 미치지 않는다는 뜻이다. 그럼에도 불구하고 학생들은 자신감을 '과거의 성취 경험'에서만 찾으려 한다. 상위권에 들어본적 없으니 평생 공부는 못할 거라고 단념하는 식이다. 정말 안타까운 상황이다. 믿음을 갖고 실행하면 결과는 당연하게 따라오는데말이다.

그럼 어떻게 근거도 없이 자신감을 가질 수 있을까? 이게 말처럼 쉽다면 이런 고민을 토로하는 학생도 없을 것이다. 사실 나도 내 안의 나를 사랑하지 못했던 사람 중 한 명이었다. 나는 외모에 불만이 많았다. 두상이 약간 특이하고 얼굴이 새카만 데다 입체적으로 생겼던 나는 언제나 친구들의 놀림거리였다. 어릴 적에는 특히 심했다. 고양이 털 알레르기로 온 머리카락이 다 빠졌던 적도 있어서 머리숱이 많지도 않았고, 심지어 치열도 고르지 않았다. 지나가던 어른들도 내 얼굴을 보고 한마디씩 꼭 던지셨다.

"야, 규민아! 너는 개그맨 해라! 네 얼굴만 보면 웃음이 나와!"

"너는 입이 돌출입이라서 항상 불만이 가득해 보인다! 나중에 교정 꼭 해라."

"규민아, 나는 너 처음 봤을 때 강원도에서 고구마 캐다 온 줄 알았어!"

언제나 놀림거리였던 얼굴은 나의 가장 부끄러운 치부가 되었다. 어디 가서 얼굴을 내놓기도 부끄러웠다. 약간 비어 있는 정수리를 보이기 싫어, 처음 보는 모임에서는 언제나 가장 먼저 계단을 올라갔고, 가장 마지막에 계단을 내려왔다. 내가 출연했던 한 유튜브 영상에 외모 비방 댓글이 적힌 것을 보고 마음이 무너졌던 적도 있다.

그러던 어느 날, 참 신기한 경험을 하게 되었다. 집에서 가만히 거울을 보고 있는데 퍼뜩 이런 생각이 든 것이다.

'어느 날 돌출입이 없어진다면, 혹은 정수리가 새카맣게 메워진다면, 아님 얼굴이 일반적인 얼굴형으로 바뀐다면, 그건 나답지 않을 것 같아!'

그러니까 내가 가장 싫어했던 내 외모의 부분들이 어느새 '나'를 결정하는 요소들이라는 걸 깨닫게 된 것이다. 그리고 그 순간 신기하게도 싫어했던 부분마저 사랑하게 되었다. 약간 튀어나온 입도, 조금 까만 피부도 사랑스러웠다. 약간은 비어 있는 정수리도, 독특한 두상까지 전부 다. 그 요소들이 바로 '나'를 결정하는 것들이기 때문이다. 그리고 그 순간 알게 되었다. '내가 나를 사랑한다는 건 이런 거구나' 하고 말이다.

나까지도 비판적인 시선으로 나를 바라보며 깎아내리는 건 멍

청한 짓이다. 그냥 내가 이렇게 생긴 건 객관적인 사실일 뿐, 여기에 어떤 가치를 부여하느냐는 내 자유다. 그래서 나는 그 모습 그대로 사랑하기로 했다. 내가 나를 똑바로 바라보기 시작한 것이다.

여러분도 '내 안의 나'를 사랑하기 바란다. 어렵지 않다. 비난 어린 시선으로 '나'를 바라보지 않았으면 한다. 다른 사람들의 시선까지 억지로 뜯어고치지는 못할지라도, '내 시선'은 나의 자유 아닌가? 그냥 있는 그대로의 나를 사랑해보자. 세상에서 가장 가까우면서 든든한 지원군을 얻은 기분일 것이다.

Q2. 내신은 어떻게 대비하나요? 디테일한 것까지 다 외워야 하나요?

"내신 공부는 어떻게 해요?"

참 많이 받는 질문 중 하나다. 조금 복잡하게 느껴질 수도 있으니 잘 따라오기 바란다.

우선 오해부터 바로잡아보자. 바로 무식하게 달달 외우는 것만이 내신을 위한 유일한 공부 방법이라는 오해 말이다. 일단 "무식하게 달달 외우면 내신은 잘 챙길 수 있어?"라고 누군가가 묻는다면 답은 'Yes'다. 사실 내신은 '누가 더 실력이 좋은가?'보다는 '누가 더 성실했는가?'를 묻는 시험이기에, 성실하게만 하면 잘 챙길 수 있다. 다시 말해, '실력이 좋은 사람과 좋지 않은 사람을 걸러내는 시험'이라기보다는, '성실했던 사람과 성실하지 않았던 사람을 걸러내는 시험'이라는 말이다.

그러나 여기서 무식하게 달달 외우는 것만이 유일한 방법이라는 결론으로 넘어가서는 안 된다. 그렇게 하면 물론 내신은 잘 챙기겠지만, 그게 유일한 방법은 아니다. 내신이 되었든, 수능이 되었든, 여러분의 실력이 뛰어나다면 어떤 시험이든 잘 보기 마련이다.

내 경우도 마찬가지였다. 선생님께서 수학 문제가 꽉 들어찬 프린트를 주시며 "여기 있는 문제가 약간 변형되어 나올 거야."라고 말씀하셨던 때가 떠오른다. 주변 친구들은 모두 그 프린트에 있는 문제를 풀기에 바빴다. 하지만 나는 시험을 치기 직전까지도 그 프린트 문제를 단 하나도 풀지 않았다. 굳이 문제를 풀지 않아도, 그저 개념을 제대로 학습했다면 문제는 당연히 잘 풀리기 마련일 것이라는, 실력과 시험 문제에 대한 믿음에서 온 나름의 배짱이었다. 만약 프린트를 푼 학생만 풀 수 있는 문제를 낸다면, 그 시험은 '수학 시험'이 아니라 '프린트 푼 학생 거르기 시험'일 것이다. 설마 선생님께서 그런 문제를 내실 리 만무하다.

만약 여러분의 목표가 그저 내신 시험만 잘 챙기기라면, 그러니까 수능도, 공부도, 실력도 다 관심 없고 그저 내신 시험만 잘 치면 되는 상황이라면, 무식하게 달달 외우겠다는 결심을 말릴 생각은 없다. 그 또한 여러분의 선택이니 말이다. 그렇지만 만약 여러분의 목표가 '제대로 공부하기'나 '실력을 기르기'라면 나는 몸을 던져서라도 말릴 것이다. '내신형 공부법', '수능형 공부법'이라며 이분법적으로 생각하는 데서 벗어나자. 같은 공부를 다른 방식으로 두 번씩 반복하는 시간 낭비는 할 필요가 없다. 그저 재밌게 공부하고 그 본질을 꿰뚫는다면 안 될 게 없다는 사실을 깨달았으면 한다.

너무 자세한 건 넘어가도 되지 않냐는 질문에는 짧고 굵게 답할 수 있다. 내가 책상 앞에 서서 붙여놨던 문장 중 하나다.

"100점 맞고 후회하자."

100점을 맞고 왜 후회할까? 바로 이렇게 후회하는 거다.

"아, 이렇게까지 많이 공부할 필요가 없었네~! 너무 많이 공부했어~!"

그러니까 너무 많이 공부해서 100점을 맞고 후회할 정도로 '전부 다' 공부하자는 말이다.

핵심은 공부할 때 재고 따지지 말라는 거다. 이건 시험에 나올 법하니까 더 잘 공부하고, 이건 시험에 안 나올 것 같으니까 덜 공부하는 식으로 하지 말자. 편견 없이 전부 공부하자. 우리가 공부하는 궁극적 이유는 '시험을 잘 치기 위해서'가 아니다. 편견 어린 시선으로 공부할 거리를 바라보고 '시험에 나올 가능성'을 갖고 차

별하면 공부가 얼마나 서운하겠는가.

이것저것 재고 따지지 말고 공부할 거리들을 전부 공평하게 대하자. 시험에 나올 가능성이 높은 것만 예뻐하지 말자. 시험과 관계없이 그냥 재밌으니까 공부하고, 즐거우니까 교과서 구석에 나오는 단어 하나까지 전부 다 공부하는 것이다. 시험에 안 나올 거라고 지레 짐작하지 말고 하나하나 구석구석 살피며 꼼꼼히 들여다보기 바란다. 우리, 100점 맞고 후회하자.

Q3. 실력이 안 느니까 공부도 재미없고
자신감도 떨어져요.

'실력이 느는 느낌'이나 '잘하는 느낌' 때문에 공부가 재미있다고 느낀다면 언젠가 반드시 무너지는 날이 온다. 최근 방영된 드라마에도 나왔던 말인데, 실력은 대각선 방향으로 쭉 느는 게 아니라 계단식으로 는다. 계속 그대로인 것 같다가 어느 순간 '껑충', '껑충' 이렇게 말이다.

그런데 생각해보자. 만약 실력이 느는 느낌을 받는 순간이 공부에 재미를 느끼는 유일한 순간이라면, 대부분의 시간은 고통의 연속일 것이다. 실력이 제자리걸음인 것처럼 보일 테니 말이다. 그러다가 아주 가끔, '껑충' 하고 실력이 느는 바로 그 순간 잠시 짜릿했다가 이내 사그라질 것이다.

'잘하는 느낌'이 공부를 재미있어하는 유일한 이유인 것도 문제가 있다. 언젠가 어려운 과제를 마주하면 무너져버릴 테니 말이다. 고등학교 때까지는 계속 '잘할' 수 있다. 하지만 대학교에 가서 마주하는 학문은 여러분의 상상보다 방대하고 깊다. 우리는 언젠가 필연적으로 '잘하지 못하는 상황'에 놓이게 된다. '잘해서' 재미있었다면 그런 상황이 닥쳤을 때 무너져버리고 말 것이다.

그러니까 '실력이 늘 때만', 아니면 '문제가 잘 풀릴 때만', '개념이 이해가 잘될 때만' 재미있다고 느끼지 말고 공부하는 과정 자체에서 재미를 느껴야 한다. 잘 풀리지 않는 문제를 붙들고 끙끙대는 '과정', 이해가 잘 되지 않는 개념을 어떻게든 이해해보려 부대껴보는 '과정'. 이런 '과정'에 공부 본연의 재미가 숨어 있다. 끙끙대는 과정이 너무 재미있어서 밤도 새워보고, 밥때도 놓쳐보고, 쉬는 시간도 날려보는 거다. 그럼 공부하는 게 너무 재미있던 나머지 로마군이 쳐들어왔을 때조차 도망칠 생각을 하지 않았던 아르키메데스의 마음이 어땠는지 이해가 될 것이다.

가끔 실패가 두렵다는 이유로 '자기불구화 전략'을 사용하는 친구들도 있다. 그러니까 '혹시 시도했는데 실패하면 어떡하지?'라는 두려움 때문에 애초에 시도조차 하지 않고 스스로 주저앉는 전략을 사용하는 거다. 그러면 변명할 거리가 생긴다. '나는 못 한 게 아니야. 안 한 거지!'처럼 말이다.

하지만 실패를 부정적으로만 생각할 필요는 없다. 잘 실패해야 제대로 성공하는 법이다. 일단 할 수 있는 한 최선을 다해 있는 힘껏 부딪쳐보는 거다. 그러다 실패하면 패인을 분석해 다시 시도하면 된다. 최선을 다하지 않는다면 당연히 실패할 거고, 그렇게 맞이한 실패는 어떠한 가치도 없다. 그런 실패에는 분석할 패인조차 보이지 않기 때문이다.

이렇게 실패에 어떠한 부정적 가치도 부여하지 않고 패인을 철저히 분석하는 마음가짐을 농구에서는 '위닝 마인드셋'이라 한다. 여기서 더 나아가 나는 '인조잉 마인드셋'을 제안한다. 공부는 '싸워서 이겨내야 하는 적'이 아니다. 그저 자기 자신과 공부에만 오롯이 집중할 수 있는 행복한 시간일 뿐이다. 그러니 있지도 않은 적과 싸워서 이기려고 하지 말고, 그저 공부하는 시간을 즐겼으면 한다. 이겼네, 졌네, 실패니, 성공이니 그런 건 중요치 않다.

실패를 두려워하지 않고 온 마음을 다해 공부한 사람은 늘 자신감에 차 있다. 여러 번 강조했듯, 본디 자신감에는 근거가 없다. 자신감은 스스로에 대한 믿음과 사랑에서 나오기 때문이다. 그런데 시험 상황에서 구체화해보자면 이런 답도 가능하다. 자신감의 근거는 그 무엇에도 무너지지 않을 탄탄한 실력에서 비롯된다고.

학생들은 시험장에서의 자신감의 근거를 '푼 문제 수'에서 찾으려는 경향이 있다. '내가 지금까지 푼 문제집이 몇 권인데. 천 문제도 넘게 풀었으니 분명 잘할 수 있을 거야' 하는 식이다. 그러나 안타깝게도 수능 문제를 출제하는 교수님들은 시중의 모든 문제집을 전부 연구하고 거기서 다루지 않은 문제를 내기 위해 최선을 다한다. 따져보면 당연한 일이다. 한 문제집에서만 다룬 문제를 시험으로 낸다면 해당 문제집을 푼 학생에게만 유리할 거고, 형평성에 어긋날 테니 말이다. 따라서 아무리 문제를 많이 풀어봤자 시험에는 푼 문제가 아닌 전혀 새로운 문제가 나올 수밖에 없다. 문제 많이 풀었다고 자신만만할 이유가 없다는 뜻이다.

시험장에 들어갈 때 자신감의 근거는 바로 '그 무엇에도 무너지지 않을 탄탄한 실력'에서 비롯되어야 한다. 이미 스스로 수없이 개념을 허물며 그 뿌리부터 전부 다시 쌓았기 때문에 자신감을 가질 수 있는 것이다. 그때의 자신감은 이 정도이다.

"만약 내가 낸 답이 1번부터 5번까지 선지에 없다면 그건 문제 오류다."

"만약 내가 풀지 못하는 문제가 있다면 그건 전국의 모든 수험생이 못 푸는 문제다."

자신감의 근거를 '푼 문제 개수'에서 찾지 말자. 실력만이 여러분을 배신하지 않을 것이다.

Q4. 기운 내서 공부하고 싶은데 안 좋은 생각이 자꾸 나요.

"안 좋은 일이 있으면 그날 하루를 망쳐버려요. 어떡하죠?"

"다른 사람과 저를 비교하면 안 된다는 건 알겠는데 저도 모르는 새 비교하게 돼요."

"생각하기 싫은데 안 좋은 생각이 자꾸 나요. 어떡해요?"

이럴 때 무엇보다 꽉 붙잡았으면 하는 생각은 이것이다.

"내 생각은 내 컨트롤하에 있다."

생각은 '나는' 게 아니다. '하는' 것이다. 제3의 손이 여러분의 뇌 속에 들어와서 이런저런 생각이 '나게끔' 하는 건 아니지 않은가. 생각은 피동이 아니다. 그러니까 나의 생각은 나의 컨트롤하에 있다는 것을 먼저 확실히 다졌으면 한다.

물론 그럼에도 불구하고 안 좋은 생각이 계속 날 수 있다는 데는 충분히 공감한다. 그럴 때는 어떻게 해야 할까? 최악의 해결법은 '생각아, 나지 마! 나지마!'라고 생각하는 것이다. 생각이라는 건 나지 말라고 하면 할수록 더 생각난다. 이걸 막는 건 바로 '다른 것에 집중하고 몰입하기'이다.

우리의 뇌는 멀티플레이를 못한다. 멀티플레이를 하는 게 아니라 한 번에 하나의 일을 번갈아가며 하고 있을 뿐이라는 연구 결과도 있다. 멀티플레이가 안 되는 뇌를 소유하고 있다는 건 어찌 보면 축복일지도 모른다. 하기 싫은 생각이 자꾸 떠오를 때면 그저 다른 것에 집중하기만 하면 되니 말이다.

가끔은 떨쳐버릴 수 없는 상황 때문에 우울감을 겪는 학생이 있다. 수업을 하다 보면 가끔 학생이 평평 울 때가 있다. 십중팔구는 가정 사정 때문이다. 구체적으로는 부모님의 불화, 부모님과 학생 간의 불화, 혹은 집안의 경제적 문제가 이유다. 어떤 말을 건네야 하나, 혹시 실례가 되진 않을까 싶어 선뜻 손을 내밀지는 못하지만, 다행히 이야기를 가만히 들어주고 고개를 끄덕여주는 것만으로 위로가 되는 듯했다.

이럴 때 꼭 해주는 이야기가 있다. 가정 사정을 탓하지 말라는 이야기이다. 세 가지 이유가 있다. 첫째는 결과론적인 이유고, 둘째

는 본질적인 이유이며, 셋째는 삶 자체에 대한 이야기이다. 잘 들어 보기 바란다.

우선 첫째, 가정 사정을 탓해봤자 아무것도 달라질 게 없기 때문이다. 가정 사정을 탓한다고 해서 갑자기 공부가 잘된다거나, 실력이 수직 상승한다면 나도 박수 치며 환영할 것이다. 그게 아니라면 부모님의 불화로 공부를 미루는 게 학생에게 어떤 이득이 있는가. 부모님과 다퉈서 공부가 뒷전이 된다면? 부모님께서 지원을 못 해주셔서 공부를 미룬다면? 그 어떤 것도 달라지지 않는다. 그러나 만약 부모님의 불화가 있지만 '그럼에도 불구하고' 공부에 매진한다면 분명 남는 게 있을 것이다. 마찬가지로, 부모님과 감정이 상했지만 '그럼에도 불구하고' 공부에 매진한다면, 혹은 부모님께서 지원을 못해주시지만 '그럼에도 불구하고' 공부에 매진한다면, 분명히 남는 게 있을 것이다. 그러니 가정 사정을 탓하며 공부를 미루지 말자. 마법 같은 부사어 '그럼에도 불구하고'를 갖다 붙이는 것이다.

둘째, 가정 사정이 어떻든 공부의 주인은 학생이다. 가정 사정이 좋지 않다고 주인 된 자의 자세를 내팽개치는 건 그 어느 순간에도 정당화되지 않는다. 생각해보자. 집주인이 친구들과 관계가 틀어졌다고 갑자기 현관문도 잠그지 않은 채 밖에 나가고, 쓰레기를 치우지 않는 등 집 관리를 내팽개친다면 어떨까? 친구와의 아픔 때문에 이 행동이 정당화될 수 있을까? 아닐 것이다. 마찬가지다. 공부의 주인은 누가 뭐라 해도 여러분 자신이다. 가정 사정이 좋지 않아 힘든 상황이라고 해서 공부의 주인 된 자로서의 자세를 내팽개치는 건 그 어느 순간에도 정당화될 수 없다.

셋째, 삶은 그 자체로 큰 선물이다. 선물을 받은 것 자체로 감사해하는 것이 도리지, 다른 사람의 선물과 비교하면서 본인의 선물을 내팽개쳐서는 안 되지 않겠는가. 예를 들어 내가 여러분에게 아메리카노만 나오는 커피머신을 선물해줬다고 하자. 그럼 여러분이 할 수 있는 가장 바람직한 행위는 매일 아메리카노를 맛있게 내려 마시는 것이지, "옆 친구는 라테도 나오는 커피머신인데 왜 내 건 아메리카노만 나와!"라며 투덜거리는 게 아닐 것이다. 마찬가지다. 가정 사정이 좋지 않아 힘들 수는 있지만 그 어떤 순간에도 삶이란 건 그 자체로 큰 선물이라는 걸 잊어서는 안 된다.

가정 사정으로 고통을 느끼는 친구들의 아픔을 가벼이 여기는 건 결코 아니다. "가정 사정 탓할 시간에 공부나 더 해!"라며 꾸짖으려는 것도 절대 아니다. 다만 나는 여러분이 바닥까지 가라앉았을 때, 그 바닥을 힘차게 딛고 올라올 만한 힘을 가졌으면 한다. 행복은 상황에서 오는 게 아니라 마음가짐에서 온다. 최악의 상황에서도 환히 웃을 수 있는 힘을 가지기 바란다.

Q5. 아침에 제때 못 일어나는 건 물론이고 식사만 하면 잠이 쏟아져요.

이건 정해진 답이 없는 질문이기는 하지만 내 생각은 이렇다.

첫째, 아침에 눈을 떴을 때 상쾌할 거라는 기대는 버리자.

잠에서 깨자마자 느끼는 상쾌함은 수면 시간과는 별 관계가 없다. 그러니까 수면 시간이 충분함에도 불구하고 아침에 눈을 떴을 때 별로 상쾌하지 않을 수 있다는 거다. 늦잠을 자는 이유는 대부분 아침에 눈을 떴을 때 '상쾌할 거라는 기대' 때문이다. 그런 기대를 품으니까 충분히 잤음에도 상쾌하지 않으면 '잠이 부족한가 봐'라며 알람을 끄고 다시 자는 것이다.

그러니 상쾌할 거라는 기대는 저 멀리 버리고 대신 '잠에서 깨려는 액션'을 취해야 한다. 가벼운 운동을 한다거나, 물을 한 컵 마신다거나, 창문을 열고 "오늘도 파이팅!"이라며 한바탕 소리를 지른다거나 하는 식으로 말이다.

나는 아침에 눈을 뜨자마자 항상 앉았다 일어나기 15번과 팔굽혀펴기 15번을 하고 자리에 앉았다. 매일 아침 4시 30분부터 6시 30분까지, 눈 뜨자마자 2시간 동안 신나게 국어 지문과 대화하며 잠에서 깨어났다. 아무리 피곤하더라도 사랑스러운 대상과 대화하면 잠이 달아나지 않겠는가?

두 번째, 수면 시간을 무리해서 줄이지 말자.

물론 할 게 너무너무 많아서 어쩔 수 없이 잠을 줄여야만 하는 상황이 있다는 걸 이해 못하는 건 절대 아니다. 혹은 너무너무 재밌어서 시계도 보지 않고 푹 빠져 있다가 고개를 들어보니 해가 뜨는 때가 있다는 것도 잘 안다. 나도 의학 공부를 하다 보면 일주일 중 사흘 정도는 할 공부가 너무 많아서, 아니면 너무 재밌는 나머지 시간 가는 줄 몰라서 밤을 새우곤 한다.

그렇지만 수면 시간도 정말 중요한 시간이라는 걸 잊지 말아야 한다. 우리 뇌는 자고 있을 때 정보를 장기 기억으로 보내는 과정을 거친다. 또 적당한 휴식이 있어야 'A-ha! moment', 즉 '깨달음의 순간'이 오기 쉽다는 연구 결과도 있다. 실제로 수면 부족이 얼마나 건강에 좋지 않은지는 인터넷만 찾아봐도 자세하게 나올 정도다. 수면 시간을 줄이는 건 앞으로 남은 수명을 끌어다 쓰는 짓밖에 안 된다.

혹시라도 어쩔 도리 없이 수면 시간을 줄여야만 하는 상황이라면, 1시간 30분의 정수배 단위로 수면을 취할 것을 권한다. 1시간 30분, 3시간, 4시간 30분, 이런 식으로 수면 시간을 확보하는 것이다. 수면 시 뇌파를 분석해보면 대략 1시간 30분 단위로 깊은 잠에 빠졌다가 얕은 잠으로 변한다고 한다. 만약 깊은 잠에 빠져 있었을 때 깨버리면 극심한 피곤함에 시달려 잠을 자기 전보다 더 피곤한 상태가 될 수도 있다. 따라서 1시간 30분 단위의 수면 시간을 지키면 수면의 질을 높이는 데 도움이 된다.

'잠'이라는 놈은 끝까지 우리를 괴롭힌다. 오죽했으면 고전 시 중에 '졸음아 물러가라'는 내용을 노래한 시가 있겠는가. 아무리 공부가 급하더라도 건강 하나만큼은 해치지 말았으면 한다.

Q6. 매일 반복되는 일상이
너무 답답하고 지쳐요.

내가 이 책에서 몇 번 언급한 친구가 있다. 중학교 시절 같이 농구를 했던 그 친구 말이다. 몇 달 전 함께 밤 산책을 하던 중, 그 친구가 이런 말을 했다.

"나는 일상을 사랑할 줄 아는 사람을 만나고 싶어. 연애를 하게 되면 이제 내가 그 사람의 일상이 될 텐데, 일상을 사랑할 줄 모르고 일탈을 사랑하는 사람이라면 더 이상 나를 사랑하지 않을 거 아냐."

나는 이 말을 듣고서, 반복되는 일상이 답답하다고 말하던 학생에게 꼭 전해줘야겠다는 생각이 들었다.

공부는 특별한 이벤트가 아니다. 공부, 보다 나아가 학습은 일상이다. 사람은 태어나는 그 순간부터 생을 마감할 때까지 계속 학습하며 살아간다. 그런데 일상을 사랑할 줄 모른다면 그것만큼 안타까운 일이 어디 있을까. 삶의 대부분이 지루함의 연속일 테니 말이다.

물론 일상에서 벗어나는 느낌이 짜릿하다는 건 공감한다. 가끔씩 찾아오는 일탈의 순간들은 참 즐겁다. 그렇지만 그와 동시에 일상 속에서 찾아오는 소소하지만 소중한 순간에 기분 좋은 웃음을 지을 줄 알았으면 한다.

고등학생 때 나는 매일 새벽, 아직 하늘이 캄캄할 때 일어나 가벼운 운동을 하고 자리에 앉아 국어 지문과 대화하는 그 시간이 참 좋았다. 가족들과 함께 둘러앉아 아침을 먹을 때, 그날 읽은 국어 지문의 내용을 신나게 설명해주는 시간도 참 소중했다. 학교에 누구보다 일찍 등교해 아무도 없는 교실에 들어가 창문을 열고 잠들어 있던 교실을 깨우는 것도 좋았고, 아침 햇살이 비추는 교실에 혼자 앉아 기분 좋은 바람을 맞으며 수학에 대해 고민하는 시간도 참 즐거웠다. 풀리지 않는 문제 앞에 끙끙대던 낮부터 바닥에 누워 잠을 청하며 그날 일과를 돌이켜보는 시간까지 모든 순간이 정말 평화로웠다.

이렇게 이야기해도 반복되는 공부에 염증을 느끼는 친구들이 많다.

"공부가 재미있어야 한다는 건 다 이해되거든요? 그런데 이상하게 저는 잘 안 돼요. 왜 그런 걸까요?"

그러면 나는 이렇게 묻는다.

"세상에서 가장 먼 여행이 뭐라고 생각하니?"

한번 각자 답해보기 바란다. 세상에서 가장 먼 여행은 무엇일까? 지구 반대편까지 가는 여행? 태양계 끝까지 나가는 여행? 내 생각에는 바로 '머리에서부터 시작해서 가슴으로, 그리고 발끝으로 향하는 여행'인 것 같다.

머리로 무언가를 이해하는 건 그다지 어렵지 않다. 그렇지만 머리에서 가슴으로 가는 여행은 참 어렵다. 이해는 했지만 그것을 마음으로 받아들이기까지는 오랜 시간과 노력이 필요하기 때문이다. 또, 마음으로 받아들였다 하더라도 가슴을 거쳐 발끝으로 향하는 여행도 쉽지 않은 과정이다. 마음으로는 받아들였지만 그걸 행동으로 옮기는 건 더 큰 노력이 필요한 일이니 말이다.

머리로는 공부의 재미를 이해했지만 아직 마음은 받아들일 준비가 되지 않았을 수도 있다. 특히 공부의 즐거움은 게임이나 스포츠처럼 즉각적이거나 짜릿하지 않아서 마음으로 받아들이기 더 힘들 수 있다. 이런 즐거움은 오랜 시간에 걸쳐 삶 전반에서 은근하게 느껴지는 것이라 더욱 그렇다. 마치 밥처럼 말이다. 밥이 짜릿하게 맛있지는 않지 않은가.

이렇게 은근하고 서서히 찾아오는 즐거움을 느끼는 데 오랜 시간이 걸리는 건 당연하지 않을까? 행복에서 자유로워져야 진짜 행복할 수 있다. 그러니 느긋하게, 여유롭게 기다리기 바란다. 일탈처럼 짜릿하지 않을 수 있지만 공부의 재미는 마치 가랑비처럼 천천히 여러분의 세상을 적셔올 것이다. 꾸준히만 한다면 어느 순간 공부의 재미에 흠뻑 빠질 테니, 지금 당장 일상이 지루하고 공부가 재미없다고 해서 스스로를 채찍질하지 말기 바란다.

Q7. 공부하기 싫어서 자꾸 한눈 팔게 돼요. 이렇게 나태해질 땐 어떡해야 하나요?

나태함은 참으로 매혹적인 녀석이다. 누구나 육체적 고통에서 벗어나고자 하는 욕구를 가지고 있으니, 육신의 편안함을 좇으려는 습성은 본성인지도 모른다. 그렇지만 우리는 본성의 노예가 되어서는 안 된다. 본성보단 이성이 앞설 줄 알아야 한다. 그러기 위해 나태함을 쫓아낼 줄도 알아야 한다.

나태함을 쫓아내는 방법은 사람마다 다르지만 그 본질은 전부 똑같다. 바로 '정신력'이다.

나는 고3 시절, 책상 앞에 이런 말을 적어놓았다.

"그래서 못한 것은 남지 않고, 그럼에도 불구하고 한 것만이 남는다."

이 말이 내게는 정말 큰 버팀목이자 원동력이었다. 예를 들자면 이런 식이었다.

"현장 체험학습을 다녀온 날 전교생이 야자를 하지 않고 집에 간다고 해서 나도 안 한다면 아무것도 남지 않을 것이고, 전교생이 다 집에 갔지만 그럼에도 불구하고 공부한다면 뭐라도 남을 것이다."

"집에 큰일이 생겨서 오늘 공부를 못한다면 아무것도 남지 않을 것이고, 집에 큰일이 생겼지만 그럼에도 불구하고 한다면 뭐라도 남을 것이다."

"체력 등급을 위한 오래달리기 때문에 너무너무 피곤하고 졸리다는 이유로 지금 공부하지 않는다면 아무것도 남지 않을 것이고, 그럼에도 불구하고 한다면 뭐라도 남을 것이다."

"올림픽공원에서 졸업 사진을 찍은 날이라 공부를 안 한다면 아무것도 남지 않을 것이지만, 그럼에도 불구하고 한다면 뭐라도 남을 것이다."

"내 생일이라고 공부를 안 한다면 아무것도 남지 않을 것이고, 그럼에도 불구하고 한다면 뭐라도 남을 것이다."

"체육 시간에 몸을 다쳤다고 오늘 공부를 안 한다면 아무것도 남지 않을 것이지만, 그럼에도 불구하고 한다면 뭐라도 남을 것이다."

그래서 체험학습이 있던 날 전교에서 홀로 남아 야자를 했고, 오래달리기로 피곤했던 날 공부를 했으며, 졸업 사진을 찍은 날 역시 전교에서 나 혼자만 야자를 했다. 눈에서 피가 뚝뚝 떨어질 만큼 다쳤을 때는 병원에서 간단한 조치를 받은 다음 다시 학교로 돌아와 공부했다.

간절하다는 건 이런 것이다. 현실과 타협할 수도 있던 그 모든 순간에 '그럼에도 불구하고'라는 마법 같은 한마디를 붙이는 것. 꼿꼿하게 서서 그 어떤 상황이 닥쳐오더라도 절대 휘어지지 않는 것.

나는 고등학교 3학년 내내 불문율처럼 지키던 게 하나 있었다. 바로 점심 식사 후 30분 동안 영어 공부를 하는 것이다. 문자 그대로 '어떤 상황이 오더라도' 절대적으로 지키던 불문율이었다. 심지어 교장 선생님께서 점심시간에 부르셨을 때마저도 이렇게 말씀드릴 정도였다.

"선생님, 점심시간에는 영어 공부를 할 거라서 찾아뵙지 못할 겁니다. 수업 다 마치고 나서 가겠습니다."

간절하다는 건 이런 것이다. 되새겨보자.

"그래서 못한 것은 남지 않고, 그럼에도 불구하고 한 것만이 남는다."

Q8. 저는 하고 싶은 게 너무 많아서 공부할 시간이 없어요.

세상에는 다재다능한 능력을 타고난 사람도 있다. 공부도 곧잘 하는데 운동 감각도 남다르고 손재주까지 있어 음악이나 미술 같은 예체능 분야마저 두루 잘하는 팔방미인. 이런 학생은 심지어 반에서 인기도 높아 친구도 많다. 아마 주변인을 떠올리면 한두 명 생각날 거다. 그런데 재주가 많아서 뭘 해도 잘할 거 같은 이 친구들에게도, 은밀한 고민이 있는 모양이다.

"저도 자리 잡고 앉아서 공부하고는 싶은데요······. 친구들도 챙겨야 하고, 동아리 활동도 있고, 반장노릇도 해야 해서 짬이 안 나요. 가족들과 놀러도 가야 하고, 새로 나온 영화도 보고 싶고요."

한 학생이 푸념하듯 말한 내용이다. 워낙에 밝은 성격에 공부는 물론 이것저것 재주가 많아 집안에서는 효녀, 선생님께는 믿음직한 반장, 친구들에게는 인기쟁이 인싸 역할을 톡톡히 해내는 학생이었다. 나와 함께 공부할 때도 열심이었는데, 이상하게 실력이 늘지 않는 것이다. 혹시나 싶어서 복습 시간을 물어보니 이렇게 대답하며 공부할 시간이 없다 했다. 홀로 채워야 할 복습 시간을 거르니 당연히 실력이 제자리일 수밖에 없었다.

이런 친구를 우리는 욕심쟁이라 부른다. 모든 것을 손에 꼭 쥐고 그 어떤 것도 놓지 않으려고 하기 때문이다. 그러나 무언가 꼭 하고 싶은 게 있다면 놓을 줄도 알아야 한다. 모든 걸 꽉 붙잡으려다 결국 아무것도 잡지 못하게 될 수도 있다.

특히 공부는 더 그렇다. 학습이라는 건 인지 체계에 변화를 주는 거라, 공부하는 시간 동안에는 확실히 집중해야 한다. 그런데 신경이 계속 '친구', '가족'처럼 '나'가 아닌 '외부'를 향해버리면 깊이 있게 공부하기 어렵다. 여러 가지 일을 병행하는 동시에 공부까지 잘하고 싶은 건 욕심이다.

나는 이런 고민을 가진 학생에게 항상 이렇게 말한다.

"네가 사는 세상을 좁혀봐."

공부를 정말 하고 싶다면 내 세상을 좁혀야 한다. 온전히 스스로에게 집중해야 한단 말이다. 이 세상에 나 하나만 두고, 혼자 부단히 오랜 대화를 하며 인지 체계에 변화를 주어야 한다.

"그럼 친구들이랑 사이가 멀어지잖아요."

공부에 집중하기 위해 친구와 잠시 떨어져 있기로 결심했는데 그 생각을 존중해주지 않는다면 그는 참된 친구가 아니다. 애초에 평생 갈 친구도 아닐 것이다. 그건 당신을 '심심할 때 시간 때울 수 있는 존재' 정도로만 생각했다는 뜻이기 때문이다.

사실 나는 고등학교 3학년 때 1년간 묵언수행을 했다. 1년 내내 말을 하지 않았다는 거다. 물론 선생님과의 상담이나 수업 시간에 발표하는 정도의 필수적인 말은 했다. 그러나 친구들과 수다를 떤다거나 하는 식의 불필요한 대화는 일절 하지 않았다. 말을 줄이고 오로지 내 자신에게만 집중했다. 그렇게 1년이 지난 뒤, 다시 예전에 친했던 친구에게 말을 걸었다. 그랬더니 마치 어제까지 신나게 수다를 떨었던 것처럼 자연스럽게 대화가 이어졌다.

세상을 좁힌다고 해서 멀어질 친구라면 애초부터 멀어질 친구였을 거다. 참된 친구라면, 그러니까 평생을 함께할 친구라면, 세상을 좁히고 공부에 더 집중하겠다고 해서 당신을 버리고 떠나지 않는다. 오히려 그 선택을 존중하고 진심으로 응원해줄 거다. 그러니 걱정 말고 과감히 세상을 좁혀도 된다.

당장 내일 학교에 가서 친구들에게 선포를 하는 것도 좋은 방법이다.

"나 이제부터 1년 동안 말 안 할 거야. 그렇게 알고 있어줘."라거나, "이제부터 매주 수요일은 말 안 하는 날이야. 그러니까 수요일에는 말 걸지 말아줘."라는 식으로 말이다. 자신을 지키기 위한 말을 할 수 있는 것도 용기이다.

Q9. 스터디 플래너를 쓰려고 하는데 어떻게 활용하는 게 효과적일까요?

나는 예전이나 지금이나 플래너를 쓰지 않는다. 플래너를 쓴다는 것은 다시 말해 비교를 하겠다는 걸로 보였기 때문이다. 구체적으로는 내가 계획한 것과 실제로 한 것 사이의 비교 말이다. 비교는 만악의 근원이라 불러도 무방할 만큼 나쁜 행위다. 만약 비교의 결과 내가 계획한 것에 비해 실제로 한 것이 적다면 비참해질 거고, 반대로 실제로 한 것이 더 많다면 교만해질 것이다. 그래서 나는 플래너를 딱히 쓰지 않았다.

그런데 이 말이 곧 플래너를 쓰는 게 무조건 나쁘다는 뜻은 아니다. 그렇게 말하려는 의도도 전혀 없다. 중요한 건 행동이 아니라 그 이면의 마음가짐이다. 실제로 대학 동기들을 보아도 플래너를 쓰는 동기도 많고, 안 쓰는 동기도 많다. 플래너 자체에는 죄가 없다.

일단 어떤 행위를 하기로 결심하든, 이것 하나만큼은 꼭 새겨뒀으면 한다.

"플래너에 끌려다니지 말자."

플래너를 쓰는 방식은 크게 두 가지로 나눌 수 있다. 하나는 시간을 중심으로 적는 거고 나머지 하나는 할 일을 중심으로 적는 것이다. 이를테면 '몇 시부터 몇 시까지는 A를 하고, 몇 시부터 몇 시까지는 B를 한다'와 같은 식으로 적는 게 시간을 중심으로 적는 것이고, '오늘은 A, B, C, D를 할 거다'처럼 적는 게 할 일을 중심으로 적는 것이다.

그런데 어떤 식으로 적든, 이걸 무조건 지켜야 한다는 생각을 가지면 그때부터 비교가 시작된다. 만약 시간을 중심으로 적었다면 하루 종일 시계를 수십 번 쳐다볼 것이다. A가 너무 재미있어서 푹 빠져서 몰입하다가도 정해진 시간이 오면 몰입을 깨고 B를 하러 넘어갈 것이다. 할 일을 중심으로 적었더라도 마찬가지다. 하루 종일 할 일 목록을 수십 번 쳐다보며 지금까지 내가 한 일과 끝없이 비교할 터다. 그렇게 끝없이 비교하는데 어떻게 몰입할 수 있겠는가.

달리기 경주를 하는데 계속 옆 라인 선수를 힐끔힐끔 쳐다보며 비교하는 선수는 자신만의 달리기에 절대 몰입할 수 없다. 공부도 마찬가지다. 플래너를 무조건 지키려고 끝없이 비교하면 절대 공부에 푹 빠질 수 없다.

그러니 플래너를 쓰더라도, 절대 거기에 끌려다니지 말자. 좀 더 쉽게 말해 플래너를 무조건 안 지키겠다는 마음으로 플래너를 적기 바란다. 여러분은 시간표를 '무조건' 안 지킬 것이다. '무조건' 말이다. 플래너를 그저 참고 사항이나 대략적인 가이드라인 정도로 가볍게 생각해야 한다. 매일 밤 하루를 마무리하며 플래너에 'O/X' 표시를 하고 '오늘의 점수' 같은 건 제발, 절대로 매기지 마라. 플래너가 주인이 되어서는 안 된다. 플래너는 유용한 도구일 뿐이다. 만약 그게 정 안 된다면, 그러니까 계속 자기도 모르게 플래너에 쓴 내용과 본인이 한 일을 비교하게 된다면, 차라리 쓰지 말기 바란다. 플래너가 정 쓰고 싶은가? 그렇다면 적은 내용을 꼭 지켜야 한다는 강박부터 버리자.

플래너에 잡아먹혀선 안 된다. 할 일이 있다면 그냥 거기에만 마음 편하게 몰입하자. 플래너 아래에서 허덕이지 말고 플래너 위에서 유유히 자유롭게 놀아야 한다.

Q10. 시험 칠 때마다 너무 긴장돼요. 수능 때도 이러면 어떡하죠?

시험을 치러 들어가기만 하면 손이 덜덜 떨릴 만큼 긴장하는 학생들이 있다. 시험장에서 긴장하는 이유는 무엇일까? 사실 답은 간단하다. 욕심 때문이다. 시험을 잘 보고 싶다는 욕심 말이다. 긴장을 푸는 방법도 그래서 너무나 간단하다. 욕심을 버리면 된다. 다른 말로 하자면, 시험을 잘 보고 싶다는 생각을 버리면 된다.

대체 왜 시험을 잘 쳐야만 할까? 이런저런 이유가 있겠지만, 보통은 높은 시험 성적이 본인의 실력을 증명해주는 지표라고 생각하기 때문이다. 그러나 안타깝게도 높은 시험 성적은 개인의 실력을 증명해주는 지표로 사용하기에 그 증거가 불충분하다. 물론 실력이 좋으면 시험 성적이 높을 수 있다. 그러나 시험 성적이 높다고 반드시 그 학생의 실력이 좋지는 않을 수 있다.

시험 답안의 유형은 객관식, 단답형 주관식, 서술형, 논술형으로 나눌 수 있다. 객관식 시험은 늘 찍어서 맞힐 가능성을 품고 있고, 단답형 주관식 또한 마찬가지로 찍는 게 가능하다. 서술형과 논술형은 채점자의 주관에 따라 점수가 달라질 가능성을 품고 있다. 즉 어떤 유형의 시험이 되었든 운이나 채점자의 주관이 개입할 여지가 있으므로, 높은 시험 성적이 곧 좋은 실력을 증명해주지는 않는다는 뜻이다.

조금만 더 본질적으로 들어가서, 애초에 우리가 시험을 치는 이유가 무엇일까? 학습을 위해서이다. 평가받는 그 시간에도 우리는 늘 학습하고 있는 것이다. 스스로 미처 발견하지 못한 부족한 점을 발견해나가는 그 시간은 소중한 학습의 시간이다. 그러니까 시험을 '잘 쳐야만 하는 이유' 따위는 애초에 존재하지 않는다.

이렇게 말해줘도 여전히 욕심을 버리지 못하는 친구들이 있다. 마치 성적이 세상의 전부인 것처럼 굴고, 시험을 망치면 세상이 무너지는 것처럼 생각한다. 그런 학생에게 나는 늘 이런 말을 해준다.

"숫자의 노예가 되지 마. 고작 숫자 몇 개에 기뻐하고 슬퍼하며 성적이라는 늪에서 허우적거리지 말고 성적 위에서 놀아."

놀랍게도, 시험 성적이 낮다고 해서 세상은 무너지지 않는다.

정 못 믿겠으면 한번 시도해보기 바란다. 시험장에서 OMR 카드에 답을 하나도 체크하지 말고 나오는 거다. 하나도 체크하지 않는 게 좀 눈치 보인다면 1번부터 30번까지 나온 답을 거꾸로 체크해보자. 그러니까 30번 문제의 답을 1번에, 29번 문제의 답을 2번에 체크하는 식으로 말이다. 그것도 싫다면 모든 숫자에 새까맣게 색칠하고 나와도 좋다. 그리고 지켜보자. 하늘이 무너지나 안 무너지나.

나도 시험 성적이 다인 줄 알았던 때가 있었다. 초등학생 때 노력해서 준비한 시험에서 100점 만점에 4점이라는 성적을 받은 거다. 충격이 컸다. 그런데 뒤에 오는 건 가슴이 탁 트이는 해방감이었다. '어, 이렇게 낮은 성적을 받아도 세상 안 무너지네?' 그때까지는 성적이 안 좋으면 정말 큰일 나는 줄 알았다. 그런데 실제로 겪어보니 별일 아니었다. 성적표에 나오는 숫자는 아무 것도 아니구나, 그냥 그 숫자와 상관없이 내가 열심히 하면 되는구나, 하는 생각이 들었다.

시험을 잘 쳐야 한다는 생각에서 자유로워지자. 내가 존경하는 국어 선생님께서는 늘 수업 시간에 이런 말씀을 하셨다.

"시간에서 자유로워져야 진짜 시간 안에 들어온다. 그 역설을 이해해야 해."

같은 맥락의 이야기다. 성적에서 자유로워져야 정말 높은 성적이 나온다. 그리고 그때부터 공부가 재미있어지기 시작한다. 점수에만 촉각을 곤두세우고 '공부법을 바꿔 볼까?', '이건 시험에 안 나올 테니 패스해야지', '다음엔 꼭 3등 안에 들어야 하는데' 같은 데만 신경 쓰면 될 공부도 안 된다. 공부할 때는 성적이고 뭐고 다 잊고 공부에만 온 마음을 다해야 한다. 그래야 성적이 오른다. 이것이 아이러니한 성적의 역설이다.

앞서 말한 선생님께서는 이런 말씀도 항상 하셨다.

"시험을 치기 전과 치는 중, 친 다음의 마음가짐이 전부 달라야 해. 시험을 치기 전에는 '나는 무조건 만점이다' 하는 생각으로 최선을 다해 공부하는 거고, 시험을 치는 중에는 '아, 나는 빵점이야! 나는 재수야!'라는 생각으로 간절하게 임하는 것이며, 시험을 친 다음에는 '어차피 지나가는 시험 하나 정도였을 뿐이야'라는 생각으로 일희일비하지 말아야 해."

시험은 잘 치기 위해서 치는 것이 아니다. 시험은 내가 미처 공부하지 못하고 넘어간 부분을 점검하기 위해서 치는 것이다. 그러니 시험장에서 만약 모르는 문제가 나왔다면 오히려 기뻐해야 한다. 공부할 기회가 왔으니 말이다.

쫄지 말자. 긴장하지도 말고. 그저 성적에서 자유로워지자. 여러분은 성적표의 숫자 몇 개로 규정할 수 있을 만큼 작고 하찮은 존재가 아니니.

Q11. 수험생이라면 반드시 지켜야 할 철칙이 있을까요?

사실 나는 구체적인 방법론에 대해 이야기하는 걸 정말 싫어한다. "내 방법만이 맞아! 너흰 그냥 따르면 돼!"라고 말하는 독불장군처럼 느껴지기 때문이다. 그렇지만 이것 하나만큼은 자신 있게 말할 수 있다. 평소 생체 시계를 수능 당일 시간표에 맞춰두어야 한다. 정말 중요한 팁이다.

사람은 적응의 동물이고, 몸속에서는 밤낮을 감지하는 호르몬이 나와 24시간의 주기를 감지한다. 따라서 비슷한 행동을 며칠, 몇 달, 몇 년간 반복하면 몸이 그 행동에 적응한다. 24시간을 주기로 특정 시간만 되면 특정 행동을 하려는 경향을 보인다는 얘기다.

고등학생 때 나는 늘 새벽 4시 30분에 눈을 뜨고 오후 4시 32분이 될 때까지, 즉 12시간 2분 동안 어떤 일이 있어도 절대 잠을 자지 않았다. 이것만큼은 불문율로 지키자는 강한 마음가짐을 갖고 있었다.

'새벽 4시 30분'이 나온 배경은 이러하다. 사람의 뇌는 아침에 눈을 뜬 후 4시간이 지나야 활발하게 '핑핑' 돌아가기 시작한다. 그런데 수능 시작 시각은 8시 30분이다. 따라서 4시간 전인 오전 4시 30분에는 꼭 눈을 뜨기로 결심한 것이다. 수능을 치기 시작하는 바로 그 시점에 이미 뇌가 활발히 활동해야 한다. 반쯤 몽롱한 채로 수능 시험을 볼 수는 없는 노릇 아닌가.

또, '오후 4시 32분'이라는 수가 나온 배경도 수능에 있다. 수능 시험이 오후 4시 32분에 끝나기 때문이다. 그래서 새벽 4시 30분에 무조건 일어나 오후 4시 32분까지 그 어떤 일이 있어도 자지 않겠다고 결심한 거다. 이렇게 생체 시계를 수능 당일 시간표와 맞춰두는 건 정말 중요하다. 평소에 몸이 체득하고 있어야 정말 중요한 날에도 습관적으로 시스템에 맞춰 돌아가기 때문이다.

아무리 이런 말을 해도 '평소에 그 정도까지 해야 할까? 그냥 수능 당일에만 집중하면 되는 거 아니겠어?'라고 생각하는 친구들이 간혹 있다. 그런데 놀라운 사실이 있다. 수능 시험장에서는 생각보다 정말 많은 학생들이 졸거나 잔다. 그 긴장되는 시간에 잠을 자다니 안 믿기겠지만, 실제로 내가 수능을 칠 때 앞과 옆에 있던 학생들 모두 꾸벅꾸벅 졸았다. 특히 점심을 먹고 난 직후, 영어 듣기를 하며 졸던 학생이 얼마나 많았는지 모른다. 수능은 겨울에 치지만, 마침 시험장은 히터가 빵빵해서 잠자기 딱 좋은 온도가 조성된다.

그러니까 흘려듣지 말기 바란다. 아침 4시 30분 기상, 오후 4시 32분까지 낮잠 금지. 이 책 전체를 뒤져봐도 구체적인 방법론을 말하며 무조건 따르라고 한 적은 지금까지 단 한 번도 없다. 그렇지만 이것 하나만큼은 무조건 따르기 바란다. 생체 시계를 수능 당일 시간표와 맞춰두는 건 정말 몇 번을 강조해도 모자를 정도로 중요하다. 시험장에서 잠만 자다 나올 수는 없는 노릇 아닌가. 마지막으로 다시 한 번만 강조하겠다.

"아침 4시 30분 기상, 오후 4시 32분까지 낮잠 금지."

이것만큼은 반드시 지켜주기 바란다.

Q12. 생활기록부를 효과적으로 채우는 방법을 알고 싶어요!

방학 기간만 되면 내 SNS에는 질문 쪽지가 빗발친다. 대부분은 이런 내용이다.

"생기부를 채우기 위해서 어떤 활동을 더 하면 좋을까요?"

그러면 나는 늘 이렇게 다시 묻는다.

"네 꿈은 뭐니?"

생활기록부는 꾸미거나 억지로 채우는 공간이 아니다. 오히려 있는 그대로의 나를 가장 잘 드러낼 수 있는 공간이다.

다들 잘 알다시피 대학 입학 전형은 크게 두 가지로 나뉜다. 하나는 수능 성적만 관여하는 정시 가끔 면접도 함께 실시하는 정시 전형도 있다.

나머지 하나는 생활기록부, 자기소개서, 면접, 논술 등이 관여하는 수시다. 생활기록부는 수시에 관여하는데, 이 수시 전형의 본질은 사람을 보겠다는 것이다. 그러니까 '나'라는 사람을 있는 그대로 보여주는 게 가장 중요하다는 말이다. 그리고 그걸 보여줄 수 있는 도구로 생활기록부, 자기소개서, 면접, 논술이 있다.

그런데 자기소개서나 면접, 논술은 전부 '제시되는 질문'에 대한 답변만 할 수 있다. 그러니까 질문된 것 이외에 자기 자신을 보여줄 수 있는 다른 요소가 있더라도 언급할 수 없다는 거다. 그렇지만 생활기록부는 다르다. 말 그대로, '생활을 기록하는 공간'이기 때문이다. 바로 이 공간이 있는 그대로의 자신을 가장 잘 드러낼 수 있는 곳이다. 그런데 이런 공간을 그저 생기부 채우기용 활동 따위로 메워버린다면 너무 아깝지 않을까? 생활기록부를 그런 채우기용 활동 말고, 진지하게 진짜 여러분이 원하는 여러분의 꿈으로 가득 채우기 바란다. 내 경험을 토대로 설명해보겠다.

내가 가진 꿈 중 하나는 죽음이라는 녀석의 멱살을 잡고 눈앞으로 끌고 와 당당히 마주하는 것이다. 그래서 『죽음이란 무엇인가』라는 책이나, 『청년 의사, 죽음의 땅에 희망을 심다』, 『숨결이 바람될 때』와 같은 책들을 많이 읽었다. 그러다 보니 자연스레 의학 중에서도 심뇌혈관질환에 관심을 갖게 되었다. 어제까지도 멀쩡했던 사람을 한 순간에 죽음으로 끌고 가는 이 질환이 나는 무척이나 궁금했다. 그렇게 심뇌혈관질환에 대해 찾아보다가 'K-MOOC'라는 대국민 온라인 강의 사이트에서 무료로 심뇌혈관질환 강의를 들을 수 있다는 사실을 알게 되었다.

그런데 강의를 듣다 보니 심뇌혈관질환 위험도를 측정할 수 있는 시험지가 있다는 것 아닌가. 나도 해보려고 찾아보니 내용이 너무 방대하고 비전문가가 쉽게 기입할 수 없는 정보를 요구했다. 예를 들어 '하루 섭취 단백질 분량 g수'와 같은 것들이 필요하다는 거다. 게다가 나이 제한도 있어서 30세 이상부터 체크 가능했다. 심뇌혈관질환은 평소 생활 습관과 밀접한 관련이 있는데, 생활 습관이 자리 잡는 시기는 30세 이상이 아니라 청소년기, 혹은 막 성인이 된 시기 아닌가. 아무래도 해당 시험이 개선되어야 한다는 필요성을 느꼈다. 그리고 내가 직접 시험지를 만들어보자는 결심까지 하게 되었다. 물론 전문적인 지식에 접근할 길이 없고, 시험지를 만든다고 해도 그것이 정확한지 판단할 수는 없었다. 통계 자료에도 접근할 수 없었기 때문이다. 공개된 정보만으로는 정확한 시험지를 만들 수 없겠지만, 시도만으로 의미 있는 접근일 거라 생각했다.

일단 내가 접근할 수 있는 정보 수준 내에서 문항을 작성해 시험지를 만들고 이를 토대로 소논문도 한 편 작성했다. '심뇌혈관질환 건강위험평가 방정식'이라는 이름으로 말이다. 실제로 직접 수식을 세워 방정식을 만든 다음 고등학교 학생과 선생님을 대상으로 이 식을 적용해보았다. 그 결과 심뇌혈관질환에 걸릴 가능성이 20~30%인 분들부터 최대 90%의 수치가 나오는 분까지 계셨다. 높은 수치를 보인 분들께는 생활습관 개선을 권유하기까지 했다.

내가 이런 활동을 할 때, '생활기록부에 이렇게 적으면 되겠군!' 이라는 생각을 갖고 계획했을까? 하늘에 맹세코 절대 아니다. 그저 삶과 죽음에 대해 어릴 적부터 많은 생각을 해왔고, 여러 책을 읽으며 심뇌혈관질환에 대해 궁금증을 가졌을 뿐이다.

머릿속이 온통 '삶과 죽음', '심뇌혈관질환'으로 가득 차 있으니 거의 모든 활동이 그쪽을 향했다. 독서도 삶과 죽음에 대한 쪽으로 이어졌고, 교내에 의학 동아리도 만들었다. 동아리 안에서 뜻이 맞는 친구들과 함께 삶과 죽음에 관해 토론했고, 그들과 같이 심뇌혈관질환에 대해 알아보았다. 그러다 기존 평가 방식의 한계를 함께 느끼고 친구들과 같이 소논문을 작성하기에 이른 것이다.

생활기록부란 바로 이런 것이다. 억지로 계획을 세우며 활동들을 끼워 넣는 게 아니라, 그저 머릿속이 온통 그 주제에 관한 생각으로 가득 차 있어서, 그와 관련된 내용이 절로 적히는 것 말이다. 이렇게 차근차근 나의 관심을 따라 가야 나중에 누군가 생활기록부를 볼 때 '아, 이 친구는 이 주제에 대해 깊은 열정을 갖고 있구나' 하고 단번에 느끼지 않겠는가.

생활기록부를 어떤 활동으로 채워 넣어야 하느냐는 질문에 내가 꿈부터 되묻는 이유를 이제 알아차렸으리라 믿는다.

Q13. 논술과 면접 준비는
수능 이후에 해도 되겠죠?

여름방학에 자기소개서를 준비하면서, 혹은 수능이 임박해서, 아니면 수능이 끝난 후 이런 질문을 하는 학생들이 꽤 있다.

"논술이나 면접 준비는 수능 친 다음부터 2~3주 정도만 하면 되는 거죠?"

참 안타까운 질문이다. 이 질문이 왜 안타까운 질문인지 지금부터 알아보도록 하자.

우선 논술이든 면접이든, '준비'라는 단어는 그다지 어울리지 않는다. 그러니까, '논술 준비', '면접 준비'라는 말은 그다지 자연스러운 단어가 아니라는 말이다. 물론 이런 말이 다양한 학원이나 선생님, 학생들 사이에 비일비재하게 사용되고 있다는 건 잘 안다. 그렇지만 논술이든 면접이든, 그런 '준비'로는 해결되지 않는다.

교수님들이 논술 및 면접 문제를 준비할 때 중요하게 여기는 것이 있다. 바로 논술 준비, 면접 준비를 위해 2~3주 바짝 학원을 다닌 학생이 더 좋은 성적을 받지 않도록 하는 것이다. 논술과 면접의 목적은 '당신은 어떤 사람인가?'를 알아내는 데 있다. 그러니까 자신을 얼마나 포장하고 있는지, 얼마나 언변술이 뛰어난지, 그래서 그 속의 본질, 즉 포장지를 벗겨낸 알맹이는 무엇인지를 전부 드러내는 시험이라는 거다.

논술 준비, 면접 준비를 2~3주 만에 한다는 말은, 다시 말해 화려한 언변술, 단정한 옷차림, 화사한 웃음 같은 것으로 스스로를 부풀려, 마치 대단한 사람인 것처럼 보이게끔 만드는 행위와 같다. 그러나 논술과 면접은 그 어떤 시험보다 여러분을 있는 그대로 적나라하게 드러내는 시험이다. 그러니 부풀리면 부풀릴수록 우스운 사람이 될 뿐이다.

스스로를 부풀려 우스운 사람으로 만들지 말자. 풍선마냥 껍데기만 부풀려 배 빵빵한 복어가 되지 말고, 오랜 시간에 걸쳐 알맹이를 키워 나를 더 거대한 사람으로 만들어야 한다.

"아니, 껍데기를 부풀리지 않고 어떻게 더 큰 사람이 될 수 있다는 거예요?"

잘 생각해보자. 무엇이 사람을 결정할까? 학벌, 성적, 외모, 몸매처럼 그 사람이 소유하고 있는 것들? 아니면 선행, 악행처럼 그 사람이 행한 행동들? 내 생각은 조금 다르다. 사람을 결정하는 것은 '그 사람의 인지 체계 속에서 흘러가는 사유의 물결'이라 생각한다. 그러니까 나를 결정짓는 것은 '내가 어떤 생각을 하느냐'이다.

따라서 글쓰기의 형식, 말투, 논리 전개 형태 같은 것들을 고치는 게 아니라, 생각의 깊이 자체를 더 깊게 만드는 게 중요하다. 다른 사람이 여러분의 글을 읽었을 때, 혹은 여러분의 말을 들었을 때 '와, 이 사람의 생각의 끝은 도대체 어디일까?'라는 생각이 들 정도로 깊고 넓은 생각을 할 줄 아는 사람이 되어야 한다.

물론 이런 작업은 한순간에 되지 않는다. 참으로 오랜 시간이 필요하다. 스스로를 바꾸는 과정이니 당연하다면 당연한 일이다. 그러니 "2~3주 정도 바짝 학원 다니면 되겠죠?"라는 질문이 안타깝지 않겠는가. 깃털 화려한 공작새마냥 자신을 부풀리려는 생각에서 나온 질문이니 말이다.

평소 자신의 생각을 끝없이 점검하고, 동일한 사안을 다양한 관점에서 바라보고자 부단히 노력하며, 타인에게 진심으로 공감하기 바란다. 그 사람의 오감을 간접적으로나마 느껴보는 거다. 자식을 잃은 부모에게 공감해 밤에 남몰래 울어도 보고, 태아를 잘라내는 의사에게 공감해 남몰래 괴로워도 해보는 거다. 가치관을 점검하고 부단히 사포질하여 깊고도 넓은 생각을 가져보기 바란다.

이렇게 끊임없이 노력하면 언젠가 여러분 스스로도 그 깊이를 가늠할 수 없을 정도로 심오한 생각을 할 줄 아는 사람이 되어 있을 것이다.

Chapter 6

합격
그 후의 이야기✦

✦ 우리는 언젠가 이 세상을 떠날 것이기에
매 순간이 소중하지 않을까.

"그렇다고 네가 꼭 의사를 할 필요는 없잖아?"

환자에 의해, 환자를 위해 존재하는 의사

농구 선수가 되기를 꿈꾸던 나는 신심을 다헤 공부한 끝에 의과대에 진학했다. 그것은 끝이 아니라 새로운 시작이었다. 나의 끈질긴 고민은 더 넓은 세계로 뻗어나가고 있었다.

내가 아프리카의 꺼져가는 생명들을 살리겠다는 가슴 벅찬 꿈을 갖고 의과대를 선택했을 때, 주변의 많은 친구들은 내게 이렇게 묻곤 했다.

"아니, 왜 군이 힘든 길을 가려고 하는 거야?"

"누군가는 해야 하는 일인 건 맞는데 왜 그 '누군가'가 굳이 너여야 하는 건데? 꼭 너일 필요는 없잖아."

친구들뿐 아니다. 부모님께서도 똑같이 말씀하셨다. 아마 나를 아끼고 걱정하는 마음에 그런 말씀을 건네신 것 같다.

처음에 이 말을 들었을 때, 나는 당장 반박하고 싶었지만 부끄럽게도 할 말이 없었다. 맞는 얘기다. 굳이 내가 아니어도 누군가는 할 것이고, 그 '누군가'가 꼭 내가 되어야 한다는 법은 없다. 그렇지만 내 머릿속에는 계속 '그냥 '당연히' 해야 하는 거 아닌가?'라는 생각이 떠나지 않았다.

그때 헤르멘 헤세의 『싯다르타』를 만났다.

싯다르타가 일자리를 구하기 위해 부유한 상인을 찾아갔을 때였다. 싯다르타가 인생이란 서로 주고받으며 사는 것이라 말하자 상인은 남루한 모습의 싯다르타를 보고 이렇게 물었다.

"가진 게 아무것도 없는데 어떻게 줄 수 있다는 말이오."

그러자 싯다르타가 답했다.

"모든 사람이 가진 것들을 내놓습니다. 병사는 힘을, 상인은 물건을, 교사는 가르침을, 농부는 쌀을, 어부는 물고기를."

상인이 다시금 물었다.

"그건 알겠소. 그럼 당신은 뭘 줄 수 있다는 거요. 가진 게 아무것도 없잖소."

"나는 사색하고 단식할 줄 압니다. 그게 내가 가진 것들이지요."

단순하다면 단순한 이 글을 읽고 나는 내가 의사여야만 하는 이
유를 찾았다. 싯다르타의 첫마디, "모든 사람이 가진 것들을 내놓
습니다. 병사는 힘을, 상인은 물건을, 교사는 가르침을, 농부는 쌀
을, 어부는 물고기를." 이 문장이 내 질문에 대한 답을 품고 있다.

'무엇이' 병사를 병사답게 만드는 것일까? 바로 '힘'이다. 상인
에게 있어 존재의 본질은 바로 '물건'이고, 교사에게 있어서는 '가
르침', 농부에게 있어서는 '쌀', 어부에게 있어서는 '물고기'다. 만
약 이 세상에 '쌀'이 없다면 '농부'가 존재할 수 있었을까? '물고기'
가 없다면 '어부'가 존재할 수 있었을까? 아닐 것이다.

그러니까 싯다르타의 이 문장은 다시 말하면 이런 뜻이다.

"모든 사람은 자신의 존재의 본질을 내놓는다."

그리고 싯다르타의 두 번째 문장, "나는 사색하고 단식할 줄 압
니다. 그게 내가 가진 것들이지요."라는 문장은 바꿔 말하면 "나의
존재의 본질은 '사색'과 '단식'이다."라는 의미다.

그렇다면 의사라는 존재의 본질은 무엇인가? 바로 '환자' 아닌
가? 만약 이 세상에 '환자'라는 존재가 없다면 '의사'라는 존재가

있을 수 있을까? 그러니까 의사는 존재의 본질인 '환자'에게 자신이 가진 모든 것들을 내놓아야 하지 않을까.

이게 내가 찾은 답이었다. 의사에게 있어 환자는 다름 아닌 '존재의 본질'이기 때문에. 그래서 나는 당연히 아프리카의 꺼져가는 생명들을 살리고 싶었던 것이었다. 하지만 머지않아 나의 생각은 다시금 근본적 물음에 부딪혔다.

세상에 성공한 의사는 없다?

"만약 의사의 본질 혹은 미션이 '사람을 살리는 것'이라면, 역사상 그 어떤 의사도 미션에 성공하지 못한 것 아닌가?"

모든 사람은 죽기 때문이다. 불로장생의 묘약을 찾아 헤맸던 진시황마저도 말이다. 그렇다면 '의사'라는 직업은 본질적으로 모순을 품고 있는 직업이며 애초에 성공할 수 없는 미션을 지닌 존재 아닌가?

무언가 더 있을 것이라는 생각이 들었다. 처음부터 실패할 것이 자명한 '사람을 살리는 것'만이 의사의 본질이 아닐 거라는 생각이 들었다. 그 너머에 무언가 더 본질적인 것이 있으리라는 근거 없는 느낌이 들었다. 그렇지만 그 너머의 것이 무엇인지 답을 찾기란 쉽지 않았다. 대학에 들어온 후 여러 동기들, 후배들, 심지어 교수님들과 이 고민을 나눠보았지만 역시 명쾌한 답을 찾지는 못했다. 도대체 의사의 본질은 무엇인가?

이 질문은 내게 삶과 죽음이란 무엇인가에 대한 본질적인 고민을 떠안겼고, 이후로 수년간 나는 이 고민의 늪에서 허우적댔다. 도대체 산다는 것은 무엇이며 죽음이란 무엇인가? 그리고 그 앞에서 인간은 어떤 존재이며 의사는 어떤 존재란 말인가?

고민 끝에 지금은 미약하게나마 내 나름의 답을 내렸다.

"의사란, 단지 환자를 죽지 않게 하는 사람이 아니라 '인간다운 삶'을 살 수 있도록 도움을 주는 존재이며 동시에 올바른 죽음Well-dying으로 인도하는 존재다."

언젠가 끝날 삶,
후회하지 않도록

당신도 나도, 결국은 사라질 존재

모든 살아 있는 존재는 죽음을 맞는다. 언제가 될지는 모르지만 언젠가, 이 글을 읽는 당신도, 이 글을 쓰는 나도, 내가 가장 사랑하는 이도, 나의 가족, 당신의 가족, 그 누구든 우리는 전부 죽음을 마주할 것이다. 바로 여기서 내 감정은 요동치기 시작했다.

앞에서 아모르 파티와 메멘토 모리에 대해 이야기했던 것을 기억할 것이다. '운명을 사랑하라, 동시에 죽음을 기억하라.' 이 얼마나 모순적인 문장인가. 한동안 이 말을 단순히 말장난 혹은 정신 승리 정도로만 생각했다. 그런데 많은 사람들이 이 말을 거의 숭배

하다시피 하고, 죽음에 대해 다룬 여러 책에서도 같은 말을 반복하니, 일단 잘은 모르겠지만 나도 한번 죽음을 기억하며 살아볼까 하는 생각이 들었다.

고민의 대가는 혹독했다. 죽음을 기억하면 더 알차게 살 것이라는 철학자의 말과 달리 내 일상은 더 힘들어졌다. 나와, 사랑하는 모든 이들의 세상이 끝날 것이라는 사실이 야속했다. 무기력, 무의미함, 그리고 우울이 머릿속을 뒤흔들었다.

죽음에 대해 깊이 고민하며 힘들어하는 내게 이렇게 물어본 친구들도 있다.

"아니, 힘들기만 한 생각을 왜 사서 하냐?"

하지만 나는 이 고민이 예비 의학도로서도 꼭 거쳐야 하는 것이리라 확신했다. 공부가 무엇인지 끝없이 고민하다 나만의 답을 냈듯, 죽음이 무엇인지에 대해서도 나만의 시선이 꼭 필요하리라 여겼다. 아니, 나는 그저 죽음이라는 녀석의 먹살을 잡고 내 앞으로 끌고 와 당당히 마주하고 싶었던 것 같다.

어릴 때부터 나는 살아 있는 동안 느낄 수 있는 최대의 행복을 느껴야 한다는 철학을 신봉했다. 그런데 진심으로 죽음을 마주하자 '얼마나 큰 행복을 느끼든 어차피 사라질 건데 그게 무슨 소용이지?'라는 생각마저 들었다. 이 허무감이야말로 빠져나오기 가장 어려운 늪이지 않았나 싶다. 그 어떤 것을 소유하든 죽음 앞에서는 그 무엇도 소용없었다. 돈, 명예, 행복 같은 것들 뿐 아니라 나의 몸과 감각, 생각과 인지 체계까지도 모조리 내려놓게 만드는 게 죽음이다. 이런 생각에 이르자 나는 모든 것을 내려놓고 싶었다. 그 어떤 것도 소유하지 않았도 괜찮을 듯했다. 돈, 명예, 우람한 근육, 꿀 떨어지는 목소리, 손과 발, 오감, 그 무엇이든 말이다. 심지어 이것이 불교에서 말하는 무소유의 경지인가 하는 생각마저 들었다.

이렇게 소유한 모든 것들과 감정들이 부질없게 느껴져 무력하게 살던 와중에 이런 생각이 퍼뜩 들었다.

'이러다가는 삶의 마지막 순간에 후회할 수도 있겠어.'

그 순간, 삶의 의미가 다시 정립되었다.

후회를 남기지 않는 삶

그때부터 내 삶의 이유는 '후회하지 않을 삶을 사는 것'이 되었다. 언젠가 지금을 돌아봤을 때 그리움과 후회에 사무치지 않도록 해야겠다고 결심했다. 이 생각에 힘을 실어준 영화의 한 장면이 있다. 강렬한 섬광처럼 뇌리에 남은 장면이다.

〈해리 포터〉 시리즈에는 늘 말썽을 일으키는 쌍둥이 형제와 그들의 어머니가 등장한다. 그날 아침에도 어김없이 쌍둥이 형제는 말썽을 일으켰고 속이 상한 어머니는 쌍둥이 형제에게 잔소리를 하고 집을 나섰다. 그런데 어머니가 집을 나선 사이 악당 무리가 쳐들어왔고, 쌍둥이 형제는 도망치던 중 상처를 입는다. 저녁이 되어 집에 헐레벌떡 뛰어 들어온 어머니는 쌍둥이 형제에게 이런 말을 한다.

"오늘 아침에 한 말이 너희에게 한 마지막 말일까 봐 얼마나 걱정했던지……!"

죽음 앞에 남기고 가는 것이 후회와 한탄이라면 얼마나 애석할까. 나는 죽음을 맞이하는 순간, 오래도록 고대한 손님을 맞이하듯 한 치의 후회 없이 반갑게 받아들일 수 있기를 바랐다.

후회하지 않는 삶을 사는 것이 목표가 되자 모든 순간에 최선을 다하게 되었다. 내뱉는 모든 말이 마지막 말 같았고, 모든 이별은 사별死別이 되었다. 매일 밤 잠들기 직전에는 그날 하루를 점검했다. '만약 이것을 마지막으로 다시는 눈을 뜨지 못하게 된다 하더라도 후회하지 않을 하루를 살았는가'라는 질문을 하고 행여나 '아니다. 후회가 남는 하루였다'라는 생각이 들면 후회와 두려움에 사무친 채 잠에 들곤 했다. 신이라는 존재가 혹여나 있다면 부디 잊지 말고 내일 꼭 다시 깨워달라는 눈물과 후회로 가득한 기도를 하다 지쳐 잠들곤 했었다.

매일 밤 반복되는 자기성찰의 질문에 '그렇다, 나는 오늘 하루 한 치의 후회도 없다'라는 답을 당당히 하는 날들이 차곡차곡 쌓이자, 점차 후회하지 않는 삶을 사는 데 익숙해졌다. 모든 순간에 최선을 다하고 있으니 언제 어디에서 어떤 모습으로 죽음이 찾아오든 웃으며 마주할 수 있을 것 같았다.

나는 이런 과정을 거치며 죽음에 대한 첫 번째 고민에 종지부를 찍었다.

"살아 있는 동안 후회 없는 삶을 살자. 결과를 떠나 과정의 순간들에 내가 주인인 삶을 살자."

그래서,
도대체 왜 사는가

내 묘비명에 새길 문구는?

그렇게 죽음에 대한 고민의 종지부를 찍었다고 생각했다. 그러나 오래 지나지 않아 다시금 고민이 닥쳐왔다.

'내 묘비명에는 어떤 글이 적히면 좋을까'라는 질문을 만났을 때다. 그날 밤새 고민했지만 답을 내리지는 못했다. 그렇지만 한 가지는 확실했다. 단지 '후회하지 않으려 발버둥 치다 떠난 사람'으로 기억되고 싶지 않았다. 후회 없는 삶도 중요하지만, 그게 전부는 아닐 거라는 생각이 들었다. 죽음에 대한 두 번째 고민의 시작이었다.

이 고민은 다시금 죽음에 대한 생생한 상상으로 이어졌다. 죽음에 대해 최대한 구체적으로 상상하면 후회 없는 삶보다 더 중요한 가치가 떠오르리란 확신이 들었다. 감각이 하나씩 꺼져갈 때의 느낌. 인지 체계가 하나씩 문을 닫고, 사고 회로가 멈추는 느낌. 점차 모든 것이 뿌옇게 흐려지고 모든 소리가 멀어지는 느낌. 나를 둘러싼 모든 것들과 다시는 돌아오지 못할 이별을 하는 그 느낌에 집중했다. 그러다 잠이 들면 늘 똑같은 악몽을 꾸곤 했다.

꿈속에서 나는 마치 영화 〈헝거게임〉처럼 생존 게임에 놓인다. 10명 정도가 한 팀이 되어 다른 팀과 경쟁하는 식이었다. 우리 팀은 치열한 사투 끝에 결국 졌는데, 나를 제외한 팀원 전부가 목숨을 잃었고, 나는 목숨은 부지했지만 두 눈을 잃었다. 소중한 팀원이 모두 죽고 생존 게임에서 패배했다는 사실에 너무 큰 충격을 받은 나머지, 나는 그 모든 사실을 잊어버린 채 환상을 본다. 그 환상 속에서 나는 생존 게임을 새로 시작했고, 길고 치열한 사투 끝에 드디어 승리한다. 승리의 기쁨에 벅차 온몸이 떨리도록 하늘을 바라보며 승리의 함성을 부르짖는다. 그러던 와중 갑자기 이런 생각이 스쳐 지나간다.

'두 눈을 잃었는데 어떻게 앞이 보이지……?'

그 순간 환상이었다는 깨달음과 함께 모든 기억이 되돌아온다.

우리 팀은 전부 죽었고 나는 두 눈을 잃었다는 사실을 떠올리고는 순식간에 캄캄한 어둠 속에 갇힌다. 그렇게 아무것도 보이지 않는 어둠 속에서 절망하고 손톱으로 바닥을 긁으며 오열하다가 꿈에서 깬다.

깨어나면 두려움에 온몸을 벌벌 떨었다. 꿈속에서처럼, 지금 침대 위에 누워 있는 내가 어떤 사실을 망각하고 있는 건 아닐까 하는 두려움이었다. 지금 이 세계도 사실은 꿈이고, 잊었던 사실을 깨닫는 순간 캄캄한 어둠 속에 홀로 갇히지는 않을까. 그리고 '죽음'이란 바로 그런 것이지 않을까 하는 생각에 엉엉 울곤 했다.

누가 나를 봤더라면 미친 사람 취급했을지도 모르겠다. 그러나 아픔이 영원하지는 않았다. 사랑하는 이들과 나의 죽음을 인정하고 나니 오히려 새로운 마음이 들었다. 비로소 현재를 바라보게 된 것이다.

삶의 모든 순간이 선물

새벽까지 아무도 없는 스터디 카페에서 커피를 마시며 글을 쓰던 때였다. 글을 마무리하고 카페에서 나와 새벽 세 시의 대학로

골목으로 나서자, 서늘한 새벽 공기가 기분 좋게 다가왔다. 차갑고 약간은 습한 그 새벽 공기가 산뜻하고 좋았다. 갑자기 기분이 좋아졌다. 막 달리고 싶은 충동마저 들었다. 온 얼굴로 느껴지는 그 공기에 심장이 두근댔다.

'우와……. 나 지금 진짜 큰 선물 받았다.'

정말, 정말 소중한 선물을 받은 듯한 기분이 들었다. 냄새를 맡을 수 있음에 감사했고 서늘한 새벽 공기를 얼굴로 느낄 수 있음에 감사했다. 아무도 없는 새벽의 대학로 광경을 볼 수 있음에 감사했고 발걸음 소리를 들을 수 있음에 감사했다. 단순한 감각을 넘어, 내가 생각하고 살아간다는 사실이 경이로운 선물 같았다.

선물 받은 사람의 바람직한 자세는 무엇일까? 당연하게도 '마음껏 즐기는 것'이지 않을까? 만약 내가 당신에게 커피머신을 선물해줬다면, 선물을 받은 당신이 할 수 있는 바람직한 자세는 매일 커피를 내려 맛있게 마시는 것인 것처럼.

삶도 마찬가지라는 생각이 들었다. '사고하는 인지 체계'와 '오감'을 비롯하여 내가 선물받은 것들은 언젠가는 모두 돌려줘야 하는 것들이다. 그렇다면 '언젠가 돌려줘야 할 거, 쓸모없어!'라고 생각할 것이 아니라 선물받은 동안은 그것을 만끽하다가 돌려줄 때 환히 웃으며 "그동안 잘 썼습니다!" 하면 되는 것 아닐까. 오랜 시간 나를 괴롭힌 질문에 드디어 명쾌한 답을 내린 기분이었다.

삶이 선물이듯, 공부하는 찰나도 선물 같은 시간

며칠 전, 한 학생이 수업을 하던 중 갑자기 이런 질문을 했다.

"어차피 죽을 거 대체 이거 배워서 뭐해요? 죽으면 다 잊어버릴 텐데, 배우는 게 무슨 의미가 있나요?"

이제 나는 이런 말을 해줄 수 있다.

"만약 내가 너한테 커피머신을 선물해주면서 1년 뒤에 돌려달라 했다고 하자. 그러면 '어차피 1년 지나면 커피 못 마실 텐데, 1년 동안 커피 마셔서 뭐해?'라는 생각을 할 거니? 아니지? 커피를 마실 때 커피를 마셔서 어디다 써먹으려고 하는 건 아니잖아. 그냥 커피 자체가 맛있어서 마시는 거지. 공부도 마찬가지야. 어디다 써먹으려고 생각하고 공부하는 게 아니라, 그냥 생각하는 것 그 자체가 재밌어서 하는 거지."

드디어 나는 '왜 사는가?'라는 질문에 확신을 갖고 답할 수 있게 됐다.

영화 〈쿵푸팬더〉에는 이런 말이 나온다.

"Yesterday is history, tomorrow is a mystery, and today is a gift. That's why they call it the present 어제는 역사이고, 내일은 미스터리이고, 오늘은 선물이다. 그래서 사람들이 그걸 현재라고 부르는 거야."

흔히 행복을 상황에서 찾으려 한다. '좋은 성적', '좋은 학벌', '준수한 외모', '높은 연봉의 직장', '넓고 깨끗한 집', '좋은 차', '매력적인 배우자', '자식의 성공'과 같이 말이다. 그렇지만 행복은 절대로 상황에서 오지 않는다. 행복은 마음가짐에 달려 있다. 행복하고 싶다면, 그저 지금 여기서 행복하기로 결심하면 된다.

10대 시절을 먼저 거쳐온 만큼 나는 학생들이 단지 공부를 잘하는 사람이 되기를 원치 않는다. 그보다는 공부를 즐기고 만끽하는 사람이 되었으면 한다. 지금 이 순간에도 공부라는 거대한 바다에서 허우적댈 수많은 학생들에게 "사실 공부는 너희를 집어삼키는 바다가 아니라 삶 전반에 녹아 있는 즐거운 생각의 물결일 뿐이야. 그러니 겁먹지 말고 공부라는 파도를 타봐. 가슴에 달린 빛나는 지느러미로 마음 놓고 행복하게 헤엄쳐도 괜찮아."라는 말을 건네고 싶다.

공부하는 모든 찰나가 행복으로 가득하기를 빈다. 지금까지 이 책에 썼던 말은 전부 다 잊어도 좋다. 다만 이것만큼은 꼭 기억해줬으면 한다. 미국의 암 환자 nightbride 가 음악 오디션 프로그램에 나와 한 말이다.

"행복은 상황에서 오지 않는다. 그저 지금 이 순간, 당신이 행복하기로 결심하면 된다You can't wait until life isn't hard anymore, Before you decide to be happy."

에필로그✦

 뉘엿뉘엿 해가 지며 하늘을 붉게 물들이는 시간, 의과대학과 서울대병원이 있는 서울대학교 연건캠퍼스 기숙사 4층 난간에 몸을 기대고 가만히 밖을 바라본다. 천지를 가르는 날카로운 사이렌 소리가 오래 지나지 않아 익숙해지는 듯하다.

 아이를 꼭 끌어안고 "괜찮아, 괜찮아."라며 울음 섞인 목소리로 달래는 모습도, 휠체어 탄 아이를 가운데에 앉히고 담소를 주고받는 젊은 부부의 모습도, 건물 앞에 모여 두 손 모아 기도를 하는 대가족의 모습도, 늙은 아버지를 모시고 산책 나온 늙은 아들과, 늦은 밤 차 안에서 사진 한 장 앞에 두고 생일 케이크 촛불을 부는 모습도 모두 이내 익숙해진다.

한때 이곳의 이방인같이 느껴졌던 날들이 있었다. 쉴 새 없이 몰아치는 강의록과 매일같이 있던 실습, 그날 배운 것을 한 번만 복습하려 해도 밤을 새워야 하는데 실습 준비와 각종 레포트 작성까지 덮쳐 매일이 죽을 것만 같던 날들의 연속이었다. 정말 문자 그대로, 이대로 살면 언제 죽어도 이상하지 않았다. 이를 너끈히 해내는 동기들과 나를 나도 모르게 비교라도 하는 날에는 한없이 나락으로 떨어지곤 했다. 휘청거리는 자신에게 실망하여 거울에 비친 내 모습이 너무나 보기 싫었던 시간도 있었다.

하염없이 흔들리던 때에 내가 기댈 수 있던 글이 하나 있었다. 소중한 친구가 쓴 편지 속 문장이다.

보통의 거리에는 해가 지면 가로등이 켜지고

해가 뜨면 가로등은 꺼지기 마련이다.

세상은 쉬어가질 않는 느낌이더라.

세상도 안 쉬는데 내가 쉬는 건 잘못 같은 때가 있다.

음, 그날은 유독 구름이 많은 날이었다.

구름이 많아 달마저 보이지 않는 그런 밤이었다.

새벽 5시가 되자 해가 뜨지 않았음에도 가로등은 모두 쉬러 갔다.

어두웠다. 내가 살아온 어떤 새벽보다도 어두웠고

낯설기까지 한 그런 새벽이었다.

낯설고 어두움에도 그 순간이 두렵지 않음이 행복했다.

가로등이 꺼지고 해가 뜨기 전까지의 그 시간이 소중했다.

아주 짙은 남색에서

어두운 장막이 날아감에 따라 푸른색이 되었고

이내 하얀 빛으로 마무리되며

새벽이 아침이 되는 그런 순간이었다.

하늘을 겹겹이 감싸던 어두운 빛 장막도, 가로등도

다들 그렇게 쉬어갔지 싶었다.

친구야, 사실 세상도 한 번쯤은 쉬어가더라.

바쁘게 돌아가는 세상 속에서 지쳐가던 날의 새벽, 어느 때보다 고요한 시간을 맞이하고서 친구는 내게 이렇게 말을 건넨 거다.

"친구야, 세상도 한 번쯤은 쉬어가더라."

살다 보면 덮쳐오는 커다란 파도에 무력하게 휘청거릴 때가 있다. 최선을 다하라는 말에 목이 조이고, 죽을 듯이 해봤지만 더 이상은 한 발자국도 나아가지 못하겠다고 느낄 때도 있다. 그런 날이

예고 없이 여러분을 덮쳤을 때, 다들 조금은 덜 아팠으면 좋겠다. 흔들리지 말라는 게 아니다. 얼마든지 휘청거려도 괜찮다. 다만 조금 덜 아파하고 덜 눈물 흘리고 덜 외롭고 덜 쓸쓸했으면 한다. 여러분이 세상에 혼자라 느낄 때, 그러니까 사무치는 외로움과 두려움에 삶이 버겁다 느낄 때 이 책이 따뜻한 위로를 줄 수 있으면 좋겠다.

내 필명은 '새벽을 걷다'이다. 길을 잃었을 때, 삶의 의미를 상실했을 때, 감정이 밑바닥에 가 닿을 때면 나는 늘 새벽을 걷는다. 하염없이 걷고 또 걷다 어느새 찾아온 아침이 새벽을 걷어낼 때면 고요한 평안이 마음을 한가득 채웠다.

여러분에게 이 글이 나의 새벽과 같은 존재가 되었으면 한다. 칠흑 같은 어둠만이 깔린 새벽에 가만히 펼쳐들고 천천히 한 장 한 장 넘기다 보면 이내 차분히 감정이 정리되고 고요한 행복이 여러분의 마음을 물들였으면 한다.

지금까지는 내 이야기를 들려주었다. 이제부터는 여러분이 물감과 붓을 들고 여러분의 이야기를 그려볼 차례이다. 잘하지 않아도 괜찮다. 얼마든지 실수해도 좋고, 힘들면 잠시 쉬어가도 좋다. 안온한 그 감정 그대로 작은 붓 하나 집어 들고 꿈이라는 물감을 조금 묻혀 여러분의 이야기를 그려보는 거다. 나는 늘 이 자리에

이 모습 그대로 있을 테니, 힘들면 언제든 여기로 돌아와 고요히 쉬었다 가면 된다.

　나로 인해 삶에 한 가닥 기분 좋은 바람이 불어온다면 참 행복할 것 같다.

누구에게나 공부하고 싶은
순간은 온다

초판 1쇄 인쇄 2022년 7월 6일
초판 2쇄 발행 2022년 8월 3일

지은이 김규민
펴낸이 김선식

경영총괄 김은영
편집인 이여홍
마케팅본부장 권장규 마케팅1팀 최혜령, 오서영
미디어홍보본부장 정명찬 홍보팀 안지혜, 김은지, 이소영, 김민정, 오수미
뉴미디어팀 허지호, 박지수, 임유나, 송희진, 홍수경
저작권팀 한승빈, 김재원, 이슬
재무관리팀 하미선, 윤이경, 김재경, 오지영, 안혜선
인사총무팀 이우철, 김혜진, 황호준
제작관리팀 박상민, 최완규, 이지우, 김소영, 김진경, 양지환
물류관리팀 김형기, 김선진, 한유현, 민주홍, 전태환, 전태연, 양문현
외부스태프 정리 허슬기 본문일러스트 박정아 표지디자인 어나더페이퍼, 이희영 본문디자인 박재원

펴낸곳 다산북스 출판등록 2005년 12월 23일 제313-2005-00277호
주소 경기도 파주시 회동길 490
전화 02-702-1724 팩스 02-703-2219 이메일 lyh22@dasanimprint.com
홈페이지 www.dasan.group 블로그 blog.naver.com/dasan_books
종이 아이피피 인쇄 및 제본 갑우문화사 코팅 및 후가공 제이오엘엔피

ISBN 979-11-306-9137-4(43370)

콘택트(CONTACT)는 독자 여러분의 책에 관한 아이디어와 원고 투고를 기쁜 마음으로 기다리고 있습니다. 책 출간을 원하는
아이디어가 있으신 분은 아래 메일로 간단한 개요와 취지, 연락처 등을 내 보주세요(lyh22@dasanimprint.com). 머뭇거리지
말고 문을 두드리세요.